寿司にまつわる言葉をイラストと豆知識で
シャリッと読み解く

すし語辞典

新庄綾子 著
ぼうずコンニャク
藤原昌髙 監修

誠文堂新光社

はじめに

　多くの日本人の大好物であるお寿司。
　今や寿司の魅力は海外にも知られ、和食を代表する料理だと思いますが、実はそんな寿司の起源は海外にあると知っていますか？

　このような、身近な寿司にまつわる意外な歴史や事実、寿司ネタや魚介類の旬など、知っておきたい基礎知識、おいしい魚をよりおいしく食べるための、寿司屋でのちょっとした工夫など、本書は一貫一貫をもっと味わいたい人に役立つ豆知識を、たくさんのイラストや写真とともに紹介した本です。

　近年、SNSなどの普及により、高級店の寿司を、自宅に居ながらにして目にすることができるようになりました。
　しかし、「実際の店に行ってみたい気持ちはあるけれど、敷居が高くて勇気が出ない……」という人も多いのではないでしょうか？

　また、店に行ったことはあっても、「職人さんと話してみたいのに、きっかけがない……」なんて思っている人もいるでしょう。

　この本が、そんな人たちの背中を押し、寿司の魅力が広がる一助になれば嬉しいです。

新庄綾子

本書の見方

本書では、寿司ネタをはじめ魚介類、
食材、調味料、道具、衛生に関するもの、人物、文化、歴史など、
さまざまなジャンルの言葉を集め、50音順に配列しています。

① 見出し語
寿司にまつわるさまざまな言葉を記載しています。

② データ
和 標準和名
別 別名
英 英名
旬 旬の時期

③ 解説
見出し語の意味や由来、説明などを記載しています。

④ イラスト・写真
見出し語や解説に関するイラスト、写真を掲載しています。

⑤ カテゴリー
1つの見出し語に関連する複数の言葉をまとめています。

⑥ 関連語
見出し語に関連する言葉で、他のページに記載している言葉とページ数を紹介しています。見出し語とあわせて読むことで、言葉が理解しやすくなり、相互のつながりも見えてきます。

⑦⑧ インデックス
見出し語検索に役立つガイドを記載しています。

本書の3つの楽しみ方

好きな寿司ネタを知る

よく食べる寿司ネタの見出し語を引き、解説を読んでみましょう。名前の由来、おいしい食べ方、有名な産地、旬、意外なトリビアなど、寿司ネタをより楽しむための情報を知ることができます。

気になる用語を知る

寿司屋をはじめ、食材店、書籍、知人の話、SNSなど、さまざまなシーンで見聞きした、気になる「すし語」を本書で調べてみましょう。

寿司屋のおともにする

ご近所の店、回転寿司、高級店など、寿司屋へ行く際の「おとも」として、カバンにしのばせましょう。店のメニューを見て、気になる寿司ネタを本書で調べてみれば、チャレンジしたい寿司ネタがきっと見つかります。また、職人が話している言葉、使っている道具など、寿司屋にまつわる情報を見て、店舗を楽しむこともできます。ご家族や友人、恋人と一緒に、2人以上で本書を読むのもオススメです。

例として、3つの楽しみ方を紹介しましたが、これ以外にもいろいろな楽しみ方ができますので、オリジナルの楽しみ方を発見してみましょう。

本書は、2019年7月時点での情報をもとに作成しています。その後、商品やサービス、店舗、施設、団体など、取り扱いや営業が変更・中止となる場合もございますので、ご了承ください。

もくじ

- 003 はじめに
- 004 本書の見方
- 005 本書の3つの楽しみ方

基礎知識編

- 012 寿司の歴史
- 020 寿司屋の一日
- 022 寿司道具図鑑
- 023 図解 寿司屋の中はこうなっている！
- 024 基本のネタの仕込み方
- 026 江戸前寿司の系譜
- 028 マグロ解剖図鑑
- 030 全国寿司の駅弁マップ
- 032 全国寿司ネタマップ
- 034 寿司ネタ旬カレンダー
- 036 市場で働く人々

用語編

あ

- 040 鮎魚女/石蓴/青魚/青柳/赤おろし/赤貝
- 041 赤身/赤身魚/あがり/浅葱/浅蜊/鯵
- 042 鯵巻き/アスタキサンチン/東源正久/穴きゅう巻き/穴子/アニキ
- 043 アニサキス/アニサキスアレルギー/炙り/鮎/鮎ずし
- 044 鮟鱇/粗/粗汁/合わせ酢
- 045 鮑 ●蝦夷鮑 ●黒鮑 ●眼高鮑 ●雌貝鮑/あん肝/あんこずし/EPA
- 046 烏賊 ●障泥烏賊 ●剣先烏賊 ●新烏賊 ●墨烏賊 ●鯣烏賊 ●蛍烏賊 ●紋甲烏賊 ●槍烏賊
- 048 イカ寿司/イクラ/いくら姫/活けじめ
- 048 活け物
- 049 石垣貝/石川県/飯寿司/磯辺焼き/板前/市場かご/稲荷寿司
- 050 今田壽治/煎り酒/岩国寿司/鰯/印籠寿司
- 051 魚河岸/浮世絵 ●浅草松のすし本店 ●縞揃女弁慶 松の鮨 ●東都高名会席尽 燕々亭名古屋山三 ●東都名所高輪廿六夜待遊興之図 ●見立源氏はなの宴 ●名所江戸百景 猿わか町よるの景
- 053 歌 ●I LIKE SUSHI ●スシ食いねェ！ ●SUSHI食べたい feat.ソイソース ●SUSHIBOYS ●寿司屋
- 054 宇宙食/鰻/海胆 ●馬糞海胆 ●紫海胆
- 055 馬面剥/海ぶどう/梅紫蘇巻き/裏巻き/上身
- 056 江戸三鮨/江戸時代/江戸前/江戸前寿司
- 057 海老 ●甘海老 ●車海老 ●桜海老 ●縞海老 ●白海老 ●葡萄海老 ●牡丹海老
- 059 恵方巻き/エンガワ

059 黄色ブドウ球菌 　　大阪寿司 　　大トロ 060 大村寿司 　　岡持ち 　　おから 　　お決まり 061 お好み 　　押し型 　　押し寿司 　　押し抜き寿司 　　お新香巻き 062 お寿司の達人 　　お手許 　　おどり 　　お姐さん 　　おひつ 063 おぼろ 　　おまかせ 　　おまん寿司 　　オムライス 064 重さ 　　おもちゃ 　　●OH!寿司ゲーム 　　●カプセルトイ 　　●超ニギニギ 　　　おうちで回転寿し 　　●とびだせ！おすし 　　●ねてますし 066 親方 　　卸売業者 　　おろし金 　　おやつ 　　温度 **か** 068 買出人 　　回転寿司 　　●Eレーン ●Oレーン 　　●自動皿洗浄機 　　●鮮度管理システム 　　●鮮度くん ●特急レーン 　　●ベルトコンベア 　　●右回り ●ロボット 071 解凍 　　貝ヒモ	071 貝むき 　　牡蠣 072 柿の葉寿司 　　隠し包丁 　　飾り包丁 　　飾り巻き 　　春子鯛 073 片想い 　　鰹 　　鰹節 　　かっぱ 074 かっぱ巻き 　　金串 　　蟹 　　●頭矮蟹 ●鱈場蟹 075 カニの穴 　　鹿の子 　　かぶら寿司 　　鰤 076 上方寿司 　　唐子 　　ガリ 　　カリフォルニアロール 077 鰈 　　●石鰈 ●星鰈 　　●真子鰈 ●松皮鰈 078 ガレージ 　　皮岸 　　皮霜 　　鮫 　　皮引き 079 皮ポン酢 　　貫 080 カンカン寿司 　　関東大震災 　　間八 　　干瓢 081 干瓢巻き 　　黄鯵 　　菊寿司 　　鱚 　　木津 082 記念日 　　●いなりの日 ●大阪寿司の日 　　●回転寿司の日 　　●鯖寿司の日 ●寿司の日 　　●ちらし寿司の日	●手巻き寿司の日 ●魚の日 ●トロの日 ●海苔の日 ●まぐろの日 083 きびなご寿司 　　黄身酢おぼろ 　　キャラ弁 　　久兵衛 084 胡瓜 　　行徳 　　ぎょく 　　切りつけ・切つけ 　　金色魚 085 近畿大学水産研究所 　　錦糸玉子・金糸玉子 086 銀シャリ 　　銀簾 　　金箔焼海苔 　　金目鯛 　　クエ 087 草 　　鞍掛にぎり 　　グリーンパーチ 　　黒ソイ 　　軍艦巻き 088 ゲソ 　　下駄 　　けら寿司 　　ケラ玉 　　ケラ鍋 089 けん 　　げんなり寿司 　　けんびる 　　氷じめ 　　こけ引き 090 こけら寿司 　　小鯛雀寿司 　　骨あたり 　　小手返し 　　ことわざ 　　粉醤油 091 粉茶 　　粉ワサビ 　　鯑 092 木の葉造り 　　海鼠腸 　　小刃 　　小肌

093 小肌巻き
　　昆布じめ
　　昆布巻き寿司
　　ゴマ
094 古米
　　5枚おろし
　　胡麻鯖
　　胡麻豆腐
095 米
　　●コシヒカリ
　　●ササニシキ
　　●はえぬき ●ハツシモ
　　●ブレンド米
　　米の数
096 五目寿司
　　コロ
　　昆布
　　昆布塩

098 サーモン
　　●アトランティックサーモン
　　●トラウトサーモン
　　●甲斐サーモン
　　●絹姫サーモン
　　●讃岐サーモン
　　●信州サーモン
　　●広島サーモン
　　●みやぎサーモン
100 サーモンロール
　　菜箸
　　堺屋松五郎
　　さがや
　　冊
　　冊取り
101 桜塩
　　桜じめ
　　桜煮
　　桜鱒
　　酒寿司
102 笹
　　笹切り
　　笹寿司
　　射込み
　　殺菌
　　鯖

103 鯖寿司
　　さばを読む
　　Samantha Jones
　　サメ皮
　　針魚
104 さらし
　　ざる
　　鰆
　　山椒
　　山水盛り
　　秋刀魚
105 3枚おろし
　　さんま寿司
　　GHQ
　　椎茸
　　仕入れ
　　JSIA
　　寿司インストラクター協会
106 塩
　　塩辛
　　時価
107 仕込み
　　シシャモ寿司
　　シソ
　　下身
108 シニグリン
　　篠田統
　　縞鯵
　　島寿司
109 清水すしミュージアム
　　霜降り
　　蝦蛄
　　ジャコ寿し
110 舎利
　　シャリ切り
　　修業
111 熟成
　　出世魚
　　旬
　　じゅんさい
112 順番
　　醤油
　　職人紹介所
113 女郎寿司
　　白魚
　　白子
　　シラス

114 二郎は鮨の夢を見る
　　白ねぎ
　　白身
　　陣笠
　　新子
115 ジンタン
　　新米
　　酢
　　●合成酢 ●穀物酢 ●米酢
　　●醸造酢 ●赤酢 ●粕酢
　　●ワインビネガー
　　●赤酢與兵衛 ●潤朱
　　●きんしょう米の酢
　　●純米富士酢 ●白菊
　　●但馬の赤酢 ●千鳥酢
　　●富士手巻きすし酢
　　●山吹 ●優選
119 酢洗い
　　炊飯器
　　数字
120 梳き引き
　　杉本刃物
　　杉盛り
　　助六
　　須古寿し
121 鮓
　　鮨
　　寿司
　　すし石垣
122 すし売りの歌
　　寿司桶
　　寿司折
　　スシオロジー
　　すし検定
123 筋子
　　筋子巻き
　　寿司職人養成学校
　　寿司打
124 すしはね
　　鮨ほど旨いものはない
　　酢じめ
　　鱸
125 すずめ開き
　　スダチ
　　簀子
　　スパイシーツナロール
126 スパイダーロール

126 スモークソルト
　　すもじ
　　背上（せかみ）
　　背下（せしも）
127 絶滅危惧種（ぜつめつきぐしゅ）
128 背中（せなか）
　　背開き（せびらき）
　　全国すし連（ぜんこくすしれん）
　　旋尾線虫（せんびせんちゅう）
　　全米桜祭り（ぜんべいさくらまつり）

138 鯛（たい）
　　大東寿司（だいとうずし）
　　大名おろし（だいみょうおろし）
　　平貝（たいらがい）
139 高菜巻き（たかなまき）
　　蛸（たこ）
　　田子寿し（たごずし）
　　立ち（たち）
　　だっこずし
140 手綱寿司（たづなずし）
　　立て返し（たてがえし）
　　伊達巻き（だてまき）
　　タネ
　　玉子焼き（たまごやき）
141 誕生ずし（たんじょうずし）
　　血合い（ちあい）
142 茶巾寿司（ちゃきんずし）
　　茶ぶり（ちゃぶり）
　　茶碗蒸し（ちゃわんむし）
143 中トロ（ちゅうトロ）
　　中巻き（ちゅうまき）
　　腸炎ビブリオ（ちょうえんビブリオ）
　　ちらし寿司（ちらしずし）
　　築地（つきじ）
144 漬け（つけ）
　　つけ台（つけだい）
　　つけ場（つけば）
　　つける
145 つま
　　ツメ
　　DHA
　　てこね寿司（てこねずし）
146 手ざく（てざく）
　　手酢（てず）

146 でしおおすし
　　鉄火巻き（てっかまき）
　　手づかみ（てづかみ）
147 鉄砲巻き（てっぽうまき）
　　手開き（てびらき）
　　出前（でまえ）
148 手巻き寿司（てまきずし）
　　手毬寿司（てまりずし）
　　砥石（といし）
　　●荒砥（あらと）●中砥（なかと）●仕上砥（しあげと）
149 突先（とっさき）
　　飛魚（とびうお）
　　トビッコ
　　共和え（ともあえ）
150 ドラゴンロール
　　鳥貝（とりがい）
　　トロ
　　トロタク巻き（トロタクまき）

152 内店（ないてん）
　　中落ち（なかおち）
　　仲卸業者（なかおろしぎょうしゃ）
　　流し盛り（ながしもり）
153 梨割（なしわり）
　　ナスの花ずし（ナスのはなずし）
　　納豆巻き（なっとうまき）
　　なでしこ寿司（なでしこずし）
　　なまこ酢（なまこす）
154 生なれ（なまなれ）
　　波切り（なみきり）
　　なみだ
　　なれずし
　　逃がす（にがす）
155 煮切り（にきり）
　　煮こごり（にこごり）
　　日本酒（にほんしゅ）
　　2枚づけ（2まいづけ）
156 人間力（にんげんりょく）
　　ねぎ取る（ねぎとる）
　　ネギトロ
　　猫またぎ（ねこまたぎ）
157 ネタケース
　　野じめ（のじめ）
　　のど黒（のどぐろ）
　　海苔（のり）

158 海苔缶（のりかん）
　　海苔巻き（のりまき）
　　のれそれ
　　暖簾（のれん）
　　ノロウイルス

160 バイ貝（バイがい）
　　はかりめ
　　白衣（はくい）
　　ばくだん巻き（ばくだんまき）
　　刷毛（はけ）
　　箸（はし）
161 ハタハタ寿司（ハタハタずし）
　　八の身（はちのみ）
　　八角（はっかく）
　　バッテラ
162 葉っぱずし（はっぱずし）
　　華屋與兵衛（はなやよへえ）
　　蛤（はまぐり）
163 鱧（はも）
　　早すし（はやずし）
　　早寿司（はやずし）
　　腹上（はらかみ）
164 腹下（はらしも）
　　ばら寿司（ばらずし）
　　ハラス巻き（ハラスまき）
　　腹中（はらなか）
　　腹開き（はらびらき）
165 葉蘭（はらん）
　　飯切（はんぎり）
　　万ネギ（ばんネギ）
　　光り物（ひかりもの）
166 左ヒラメ右カレイ（ひだりヒラメみぎカレイ）
　　一粒寿司（ひとつぶずし）
　　ひねずし
　　ひもきゅう巻き（ひもきゅうまき）
167 平政（ひらまさ）
　　平目（ひらめ）
　　ファーストフード
168 フィラデルフィアロール
　　河豚（ふぐ）
　　符牒（ふちょう）
　　太巻き（ふとまき）
　　歩留まり（ぶどまり）
169 鮒寿司（ふなずし）

169	船底	
	Brandon Laird	
170	鰤	
171	文学作品	
	●伊豆の踊り子	
	●きけ わだつみのこえ	
	●小僧の神様	
	●サラダ記念日	
	●鮨 ●たけくらべ	
	●握り寿司の名人	
	●二十四の瞳	
172	ベジ寿司	
	べっこう寿司	
	放射盛り	
	包丁	
	●小出刃 ●蛸引き	
	●出刃包丁 ●骨切包丁	
	●マグロ包丁 ●柳刃包丁	
173	包丁仕事	
174	ホウボウ	
	朴葉ずし	
	星	
	帆立貝	
175	北寄貝	
	骨せんべい	
	ホヤ	
	本手返し	

178	前掛け	
	まかない	
	巻き簾	
	鮪	
	●黄肌鮪 ●備長鮪 ●本鮪	
	●南鮪 ●目撥鮪	
180	正本総本店	
	鱒寿司	
	ますのすしミュージアム	
	松崎喜右衛門	
181	松久信幸	
	まつぶた寿司	
	松前寿司	
	まな板	
182	丸ずし	
	丸付け	
183	漫画	

	●江戸前鮨職人	
	きららの仕事	
	●江戸前の旬	
	●おすもじっ！◆司の一貫◆	
	●ごほうびおひとり鮨	
	●将太の寿司	
	●すしいち！	
	●寿司ガール	
	●寿司屋のかみさん	
	うちあけ話	
184	ミオグロビン	
	身欠き	
	ミシュラン・ガイド	
185	水蛸	
	ミツカンミュージアム	
	宮島	
	茗荷	
	みりん	
186	ミル貝	
	●白ミル ●本ミル	
	身割れ	
	蒸し寿司	
187	むらさき	
	目打ち	
	芽ネギ	
	めはり寿司	
	もずく	
188	モチーフ	
	●着ぐるみ ●消しゴム	
	●食品サンプル	
	●スーツケースカバー	
	●寿司キャンディ ●Tシャツ	
189	盛箸	
	森孫右衛門	
	もろこ箱寿司	

192	焼き霜	
	弥助	
	屋台	
	谷中	
	山ゴボウ	
	柚子	
193	柚子胡椒	
	ゆず塩	
	湯呑み	

193	湯引き	
194	養殖まぐろ	
	横返し	
	リゾット	
	リトル・ミス・ベントー	
195	冷凍	
	冷凍まぐろ	
	蝋引き	
196	若い衆	
	わかめ	
	わかめ巻き寿司	
	わき	
	和牛	
197	山葵（生ワサビ）	
	わたや	
	割り酢	

とじ込み付録

129
江戸前握り寿司のつくり方

Column

| 176 | 魚へんが付く漢字 |
| 190 | 偲ぶ與兵衛の鮓 |

198
参考文献

199
おわりに

基礎知識編

寿司の歴史

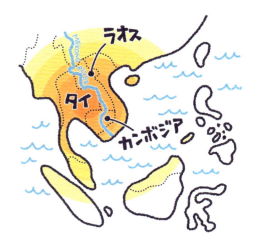

紀元前、東南アジアの稲作を行う地域でなれずしの起源となるものが発生。魚醤（ぎょしょう）とともに隣接する地域に広がる。

各地でのなれずしの呼び方
中国：鮓、鮨
タイ：パー・ソム
ラオス：ソム・パ
カンボジア：ファーク

そもそもの起源は、水田に水を引く小川で獲れた魚と炊いたご飯をまぜて乳酸発酵させてつくった保存食。

なれずしは中国経由で、紀元前4〜3世紀ごろに稲作とともに日本に伝来したと考えられ、7〜8世紀には国内に広く定着していました。

当時のなれずしは、発酵に使ったご飯がべちゃべちゃのため、これを取り除いて食べていました。ご飯ものではなく、塩辛や漬物のような、おかずの位置付けです。

魚介はアワビ、アユ、フナ、イガイ、アジ、タイ、イワシ、サバ、サケなど、さまざまなものが使われていました。また、シカ、イノシシなどの肉も使われていたことがわかっています。

538年に殺生肉食を禁忌とする仏教が伝わり、675（天武4）年には天武天皇により肉食禁止令が出されます。ウシ、ウマ、イヌ、サル、ニワトリは食べることが禁止され、これが日本人の魚食の基盤となります。

日本では平安時代に「鮓」と「鮨」をスシ（酒志・須之）と呼ぶことに決めました。

鎌倉から室町時代にかけて、発酵時間を短くし、早く食べられる生なれが誕生。

ご飯の粒が残っていて食べられるので、なれずしの位置付けがおかずではなくご飯ものに変化。

なれずしは税や贈り物として重用されました。吉野に現存する老舗、「つるべすし弥助」は1600年ごろから270年間にわたり京都の仙洞御所に鮎寿司を献上していた記録があります。

秀吉の朝鮮出兵（1592年〜）では鮒寿司が、家康が幕府を開いた1603年には家康と秀忠に鮎寿司が贈られたり。

17世紀になると、もっと早く食べられるようにするために、酸味として酢が使われるようになり、早寿司（酢を使って酸味をつける寿司）が誕生します。

でも、魚に酢を入れたり、ご飯に酢を入れたり、酢の使い方はマチマチ。

寿司の歴史

18世紀末、酢を使った早寿司が定着。最初のころは箱につめた箱寿司や、押し寿司でした。

両国の華屋与兵衛が江戸前握りを発明。今の握り寿司の2〜3倍の大きさ。魚にあらかじめ味をつけて調理してあり、つけ醤油がいらないタイプ。つくり置きでした。

握り寿司の人気が出始めたころは米酢が使われていました。愛知の酒蔵家・中野家の養子、中野又左衛門が粕酢（赤酢）を発明し、江戸に売り込みました。

旨味の多い粕酢は、握り寿司に合うと評判になり、握り寿司とともに爆発的な人気を得ます。

急速に発展した江戸の街には、仕事を求めて独身男性が多く集まり、蕎麦や天ぷらとともに外食産業が発展し始めます。

江戸では握り寿司が大人気。寿司売りが岡持ちで売り歩いたり、屋台が出たり、内店という店舗を構えた寿司屋など、いろいろな寿司屋がありました。しかしまだ全国には広まらず、江戸前寿司はいわば東京の郷土寿司。全国的には前記の生なれにあたるなれずしや、各地の郷土寿司である押し寿司・箱寿司がつくられていました。

明治末期には氷の冷蔵庫が普及し、生魚が保存できるようになり、寿司ネタとして使われる魚の種類が豊富になりました。仕事を簡略化し、魚に下味をつけない店が増え始め、醬油をつけて食べるようになりました。このころは出前が主流でした。

明治の半ば、屋台中心であった寿司屋が、内店の中に屋台を取り込むような形でカウンターを設置し、いわゆる立ち店ができます。

日清・日露戦争後の植民地化により、日本の寿司が満州や韓国に普及。韓国ではキムパブが生まれました。

1923年の関東大震災では、被災した職人が東京を離れて全国に移り住み、江戸前握りが全国へ普及。寿司といえば江戸前に。

第二次世界大戦後の食糧統制と飲食営業緊急措置令により、多くの寿司店が営業できなくなり、閉店。東京都鮨商組合が東京都、GHQに掛け合って、委託加工制度という制度ができました。これは、配給された米1合を客が持参し、寿司屋が寿司に加工して10貫の寿司を提供するというもの。全国的に同様の制度ができたため、1人前10貫のほぼ現代の江戸前寿司のスタイルが定着しました。

戦後食糧難の時代、ネタの数が少なく、1種類のネタで2貫を握る店が出始めます。また、赤酢のシャリが姿を消し、米酢が使われるようになります。

高度成長期には、社交の場として接待やお酒を飲みながら食べるスタイルが定着。握りとおつまみの両方を楽しむスタイルの高級寿司店が増えます。

1958年、ビール工場のベルトコンベアにヒントを得て、回転寿司の1号店が大阪に誕生。1970年の大阪万博に回転寿司が出店されたことにより、全国に回転寿司が知られるようになります。

ボックスシートタイプの店ができたり、オーダーシステム、鮮度管理システムなどが導入されて、回転寿司は進化していきました。
景気の悪い時代、いったんは1皿100円均一の回転寿司が人気を集めるものの、その後は味にこだわった店が売上を伸ばしました。

寿司は明治末期ごろから海外にも進出。最初は現地在住の日本人が顧客でしたが、1960年以降、和食の人気が出始めると、世界各地でオリジナリティあふれる寿司が生まれました。2008年には初めてミシュランガイドに寿司屋が掲載され、2014年にはオバマ米大統領の接待に寿司店が使われたり、寿司は日本食を代表する存在に。寿司屋訪問は訪日観光のメインイベントの1つ。多くの人は本国の寿司との違いに驚きます。

国内では有名店で腕を磨いた職人たちが独立し、食材の仕入れ、仕込み、熟成など、こだわり抜いた仕事でもてなす高級店が続々と誕生しました。伝統と新しい技術を融合させた、贅沢な寿司を体験できる時代がやってきたのです。

寿司屋の一日

とある寿司屋の一日です。
店の規模、魚河岸からの距離、昼の営業の有無、
方針によって一日の過ごし方はさまざまですが、
その一例を紹介しましょう。

06:00

車を運転して魚河岸へ。6:30から1時間くらいかけて仕入れ（おなじみの店を回って魚を選ぶ。自分で見ずに注文するだけの人もいます）。

07:30

魚河岸で朝ごはんをササッと食べて、お店に戻る（魚は自分で運ばずに、仲卸業者に配達をお願いする場合もあります）。

08:30

魚の仕込みをする。タイの3枚おろし、カレイの5枚おろしなどを行い、白身はその日はさらしに巻いて後日の営業のために保存。イカ、サバ、アナゴ、アジ、コハダやキスなども、すべて内臓を取る仕事は魚がなるべく新鮮な午前中に行います。サバ、コハダ、キスの酢じめなども続けて行い、アナゴを煮たりもします。

11:30

ランチ営業。お決まりの上や特上などのランチとちらし寿司をつくります。忙しいのでメニューは数種類だけ。同じネタは一度に握った方が効率がいいので、おまかせコースだと出てくる順番が違ったりします。

14:00

ランチ営業終了。後片付けをします。

14:30

まかないを食べます。食べるのは、ネタの切れ端を使った海苔巻きなどです。

15:30

午後の仕込み。玉子焼きをつくったり、シャリを炊きます。仕込みは日替わりの分も行います。煮イカ、タコの桜煮をつくったり、ガリを漬けたり、昆布じめや黄身酢、おぼろを作ったり、お土産の予約があれば寿司折もつくります。あいた時間があれば、お弟子さんはおからで握りの練習をします（親方は休憩）。出前のある店は寿司桶を回収します。

17:00

夜の営業を開始。ランチと違ってゆったり、お客さんと話しながら握ります。

23:00

夜の営業が終わります。

23:30

片付けの後、閉店作業。天むすなど、まかないを食べます。定休日の前日は、残ったネタで握りの練習ができます。

寿司道具図鑑

寿司づくりに必要な基本的な道具を紹介します。

こけ引き (p.89)	骨あたり (p.90)

出刃包丁（でばぼうちょう） (p.173)	小出刃（こでば） (p.172)	柳刃包丁（やなぎばぼうちょう） (p.173)	砥石（といし） (p.148)

ネタケース (p.157)	ケラ鍋（なべ） (p.88)	貝むき（かい） (p.71)	目打ち（めうち） (p.187)

さらし (p.104)	まな板（いた） (p.181)	炊飯器（すいはんき） (p.119)	飯切（はんぎり） (p.165)

宮島（みやじま） (p.185)	おひつ (p.62)	巻き簾（まきす） (p.178)	刷毛（はけ） (p.160)

盛箸（もりばし） (p.189)	おろし金（がね） (p.66)	サメ皮（がわ）  (p.103)	寿司下駄（すしげた） （下駄（げた） p.88）

図解　寿司屋の中はこうなっている！

暖簾の向こうにもキッチンが。裏方のお弟子さんがタイミングを見て茶碗蒸しやお椀を用意します。

お弟子さんも握れるお店であれば兄弟子がカウンターに。注文された寿司の他にも、お土産用の寿司折を用意したりします。

お品書きがあったりなかったり。あっても定番のものしか書いていなかったりするので、魚もお酒も店の人に何があるか聞いてみましょう。

手酢、ワサビ、柑橘、数種類の塩、ツメなどは、すぐに使えるように小さな容器に入れ、まとめて手元に。

カウンターと職人の間の一段高くなっている台は「つけ台」といいます。

ネタケースを見ながら何を食べるか考えるのも寿司屋で寿司を食べる醍醐味の1つ。近年はガラスのネタケースでなく氷を敷いた木製のネタケースを置いていたり、カウンターには何も置かず、冷蔵庫に木製のネタケースを入れていたり、特注の冷蔵庫を職人の後ろに設置したりするお店もあります。

※通常は、ガラスのネタケースと冷蔵庫を一緒に使用することはありませんが、このイラストでは、説明のために両方を記載しています。

1人分のテーブルセットは開店前にテーブルを綺麗にしてから並べられます。コースターがある場合は、白木に水が染みないよう、コースターにグラスを乗せましょう。

基本のネタの仕込み方

① 魚河岸で新鮮な魚を仕入れ、よく冷えた状態で店に運ぶ。

② 冷水で洗い、ウロコを落とす。頭と内臓を取り、背骨の周りをきれいにし、さらしで拭いて水気を取る。

③ 3枚におろす。昆布じめや酢じめにする場合もここまでのやり方は一緒。

④ 経木やグリーンパーチなど、魚の鮮度を保つ機能のある紙に包んで冷蔵庫へ。魚の種類によっては、そのまま使う日まで寝かせる。

⑤

腹骨・血合い骨を切り落とす。血合い骨は魚の種類によっては骨あたり（p.89）で抜く。

⑥

皮を引く。尾の方から皮と身の間に柳刃包丁を差し込み、刃をまな板に当てながら頭に向かって引く（内引き）。皮は取り除かずに、皮霜（p.78）にする場合も。ここまで仕込んだものをネタケースに入れておく。ネタによっては、皮を付けたままネタケースに入れるものもある。

⑦

注文に応じて冊からネタを切り出す。大人数の場合にはあらかじめ切りつけを行う。

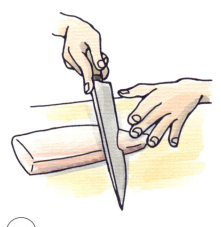

| 江戸 | 明治 | 大正 |

- 笹巻きけぬきすし（1702年）────────────────
- 松の鮨（砂子鮨）（1810年）──────────────── 閉店   ┌ 㐂寿司（1923年 人形町）
- 與兵衛鮓（1820年）────────┐   │
  元祖江戸前   │   │
                          ├ 吉野鮨本店（1879年）─┤「トロ」という言葉が生まれた店 │
                          ├ みやこ寿司（1850年 千住）── 閉店
                          └ 弁天山みやこ鮨（1866年 浅草）──────

- 銀座すし栄本店（1848年）────────────────
- 九段下寿司政（1861年）────────────────
- 美寿志（1855年）────────────────────── 閉店
  └ 銀座寿司幸（1885年 銀座）────────────────

- 二葉鮨（1877年 銀座）─────────
  └ おけい寿司（1923年 八重洲）

- 都寿司（1887年 日本橋蛎殻町）────────────

- 新富寿し（銀座）──────────

江戸前寿司の系譜

代表的な江戸前寿司とそこから派生した店の一部を紹介します。この系統以外の考え方も存在しますので、一例として参考にしてください。
★はミシュラン・ガイドにおける2019年時点の星の数を示し、☆は同ガイドのビブグルマンであることを示しています。

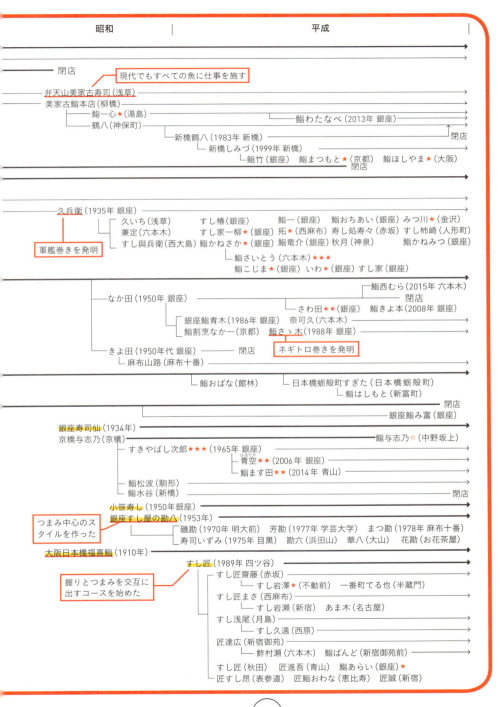

マグロ解剖図鑑

市場で売られるマグロは仲卸業者で解体されます。
最初にカマから上の頭とヒレを切り落とし、次にマグロ包丁で
片身につき腹身、背身の2つ、合計4つのロインと中骨に切り分けます。
続いて注文に応じてコロ（p.96）を切り出していきます。

背カミ
筋や血合いが多いが、身の味は濃厚。旬の大きめの個体や養殖では、背トロと呼ばれる中トロが取れる。

脳天

ほほ肉

カマ

カマトロ

腹カミ
内臓を包んでいる部分に脂が多く、クロマグロやミナミマグロであれば大トロが取れる。

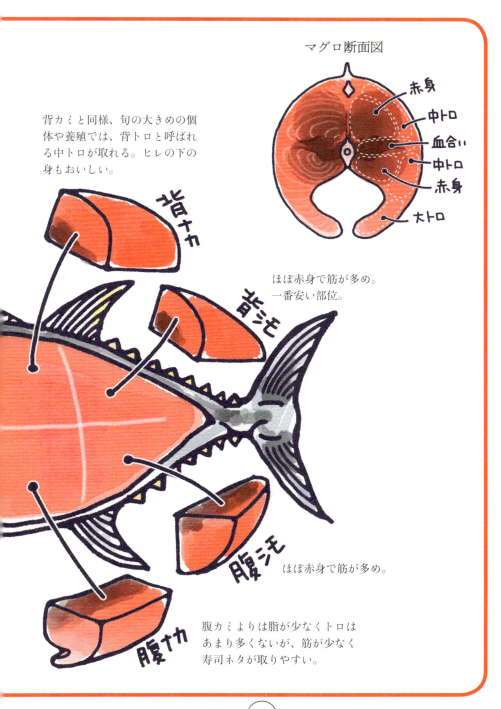

全国寿司の駅弁マップ

滋賀
元祖鱒寿し
取扱い駅：
JR東海道本線、米原駅
滋賀県産の近江米を使用。

岐阜
飛騨牛ローストビーフ寿司
取扱い駅：
JR高山本線、高山駅
飛騨牛のローストビーフとしぐれ煮が両方楽しめます。

富山
ますのすし
取扱い駅：
JR北陸本線、富山駅

明治時代から販売

石川
四季彩 箱鮨
取扱い駅：
JR北陸本線、金沢駅
酢じめ、焼き、いぶしなど、具材ごとに異なる仕込みが施されています。

鳥取
元祖 かに寿し
取扱い駅：
JR山陰本線、鳥取駅
百貨店の駅弁フェスなどでも定番の人気商品。

あご寿し
取扱い駅：
JR山陰本線、鳥取駅

吾左衛門鮓
取扱い駅：
JR山陰本線、米子駅

福井
越前 かに棒すし
取扱い駅：JR北陸本線、福井駅

鯛の舞
取扱い駅：JR北陸本線、敦賀駅

兵庫
名代あなご寿司
取扱い駅：
JR山陽本線、姫路駅
瀬戸内の濃厚なアナゴと寿司飯に混ぜたシイタケとサンショウの実のバランスが絶妙。完成度の高い駅弁。

愛媛
瀬戸の押寿司
取扱い駅：JR予讃線、今治駅
来島海峡の急潮で育った、身のしまったタイを使用した押し寿司。タイの身からシソが透けて見え、一番下には笹が。それぞれいい仕事をしています。

福岡
あなごちらし寿し箱寿し
取扱い駅：JR日豊本線、小倉駅

高知
鯖の姿寿し
取扱い駅：
JR土讃線、高知駅

全国寿司の駅弁マップ

北海道
石狩鮨
取扱い駅：
新千歳空港国内線ターミナル

たらば寿し
取扱い駅：
JR根室本線、釧路駅

新潟
えび千両ちらし
取扱い駅：JR信越本線、新潟駅
一面を覆うだし巻き玉子の上にえびおぼろがのっています。玉子の下には、ウナギ、コハダ、エビ、一夜干しイカが並び、その下にとろろ昆布、寿司飯が入っています。

さけずし
取扱い駅：JR信越本線、新津駅

宮城
炙りえんがわずし
取扱い駅：
JR東北本線、仙台駅

金華さば棒ずし
取扱い駅：
JR東北本線、仙台駅

青森
八戸小唄寿司
取扱い駅：
JR東北新幹線、八戸駅
三味線のバチを模したヘラが付いています。

群馬
岩魚鮨
取扱い駅：
JR高崎線、高崎駅

千葉
あわびちらし
取扱い駅：
JR外房線、安房鴨川駅
醤油味で煮たアワビをネタにしたちらし寿司。他にもウニ、ホタテ、エビがのっています。

神奈川
伝承鯵の押寿し
取扱い駅：
JR東海道本線、大船駅

静岡
武士のあじ寿司
取扱い駅：
伊豆箱根鉄道、修善寺駅
伊豆近海の地鯵、静岡産コシヒカリ、伊豆松崎の桜葉、伊豆天城のワサビと、名産を詰め込んだ弁当。

※ここに掲載した取り扱い駅は代表的な駅であり、この他複数の駅で取り扱われている場合もあります。

全国寿司ネタマップ

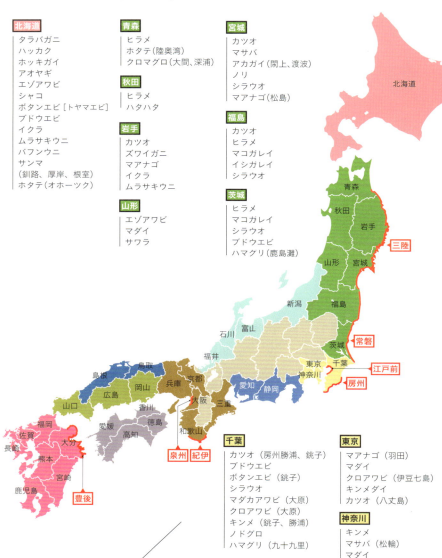

北海道
- タラバガニ
- ハッカク
- ホッキガイ
- アオヤギ
- エゾアワビ
- シャコ
- ボタンエビ［トヤマエビ］
- ブドウエビ
- イクラ
- ムラサキウニ
- バフンウニ
- サンマ（釧路、厚岸、根室）
- ホタテ（オホーツク）

青森
- ヒラメ
- ホタテ（陸奥湾）
- クロマグロ（大間、深浦）

秋田
- ヒラメ
- ハタハタ

岩手
- カツオ
- ズワイガニ
- マアナゴ
- イクラ
- ムラサキウニ

山形
- エゾアワビ
- マダイ
- サワラ

宮城
- カツオ
- マサバ
- アカガイ（閖上、渡波）
- ノリ
- シラウオ
- マアナゴ（松島）

福島
- カツオ
- ヒラメ
- マコガレイ
- イシガレイ
- シラウオ

茨城
- ヒラメ
- マコガレイ
- シラウオ
- ブドウエビ
- ハマグリ（鹿島灘）

千葉
- カツオ（房州勝浦、銚子）
- ブドウエビ
- ボタンエビ（銚子）
- シラウオ
- マダカアワビ（大原）
- クロアワビ（大原）
- キンメ（銚子、勝浦）
- ノドグロ
- ハマグリ（九十九里）

東京
- マアナゴ（羽田）
- マダイ
- クロアワビ（伊豆七島）
- キンメダイ
- カツオ（八丈島）

神奈川
- キンメ
- マサバ（松輪）
- マダイ
- マアナゴ（小柴）
- シャコ（小柴）

全国各地の有名なネタを示しました。
漁港名や産地名（三陸などの伝統的な名称を含む）が
代名詞として使われることもあるので、
有名どころは名称を併記しています。

愛知
- アオヤギ（三河）
- タイラガイ（三河）
- トリガイ（三河）
- コハダ
- ノリ

静岡
- キンメ（稲取）
- マダイ
- クロアワビ
- コハダ（舞阪）
- サクラエビ

新潟
- アマエビ
- ズワイガニ
- スルメイカ
- サクラマス
- シロギス
- アラ

富山
- ブリ（氷見）
- シロエビ
- サクラマス
- ホタルイカ

福井
- ズワイガニ

石川
- サヨリ
- ズワイガニ
- マカジキ
- エゾアワビ
- ノドグロ

三重
- ハマグリ（桑名）

京都
- ハマグリ（丹後）
- ズワイガニ
- ケンサキイカ
- アオリイカ
- サヨリ
- サワラ

和歌山
- マサバ
- カツオ

兵庫
- マダイ（明石）
- マアジ（淡路）
- マアナゴ（明石）
- マダコ（明石）
- ノリ
- キス（瀬戸内）

大阪
- マイワシ
- マアナゴ

鳥取
- ズワイガニ
- トリガイ
- ノドグロ
- ハタハタ

島根
- ズワイガニ
- バイガイ
- エゾアワビ
- アオリイカ
- アカムツ
- ハマグリ（益田）
- キダイ
- マアジ（浜田、大田）
- マアナゴ

岡山
- マアナゴ
- シャコ
- ノリ

広島
- マアナゴ
- ノリ
- マガキ

山口
- トラフグ（下関）
- アカガイ
- ケンサキイカ
- アオリイカ

徳島
- マダイ

香川
- アカガイ
- サヨリ
- キス
- コウイカ
- カミナリイカ
- タイラガイ（播磨灘）

愛媛
- マアナゴ
- アカガイ（今治）
- カツオ（深浦）
- マサバ（佐田岬）
- マアジ（佐田岬）

高知
- カツオ
- キンメダイ

福岡
- マアジ
- マサバ

佐賀
- ケンサキイカ
- ミルクイ
- マアジ
- コハダ（有明）

長崎
- マアジ
- マアナゴ（対馬）
- マサバ（五島、対馬）
- アワビ類
- ブリ（対馬）

大分
- シロギス
- マアジ（佐賀関）
- マサバ（佐賀関）

熊本
- コハダ（天草）
- マダコ（天草）
- コウイカ（天草）
- ムラサキウニ（天草）
- マダイ
- ミルクイ

宮崎
- ハマグリ
- カツオ

鹿児島
- コノシロ
- マダイ（内之浦）
- マアジ（出水）

沖縄
- キハダマグロ
- カジキマグロ

寿司ネタ旬カレンダー

旬の短いネタや、入れ替わりで食べやすいネタを中心に集めました。
上から下までマークのあるものを食べると、
その時期の旬のネタを総ざらいできます。

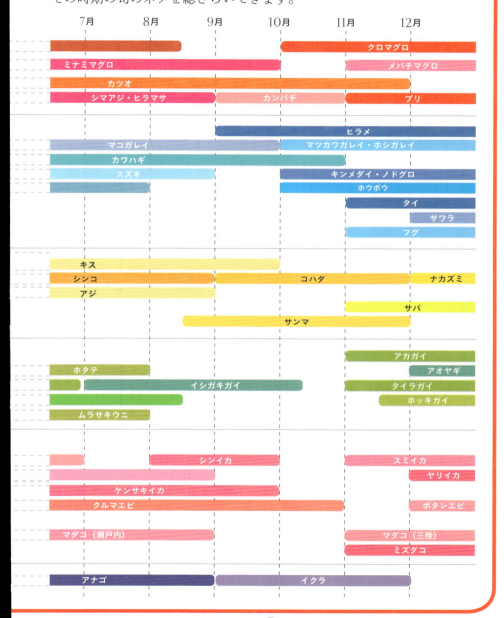

市場で働く人々

市場で魚を仕入れる場合、寿司屋は仲卸業者から魚を買います。仲卸業者は卸売業者から魚を仕入れて小売業者が使いやすい分量で販売します。豊洲市場であれば水産物の卸売業者は7社、仲卸業者は約500社が営業しています。

● 注
※1：売り手と買い手が交渉により値段を決め、売買をする方法。
※2：売り手があらかじめ販売予定価格を定め、不特定多数の売買参加者に対して予定価格で販売することを求める方法。
※3：開設者の許可を受け、市場の機能を補うために市場内で営業している食品・雑貨販売、冷蔵庫業、飲食業などの事業者。

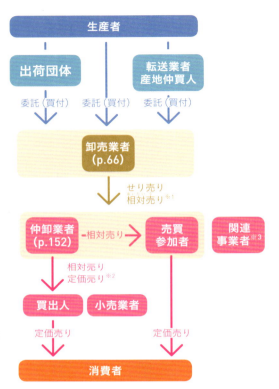

仲卸業者は大物業者と呼ばれるマグロ専門の卸や、特種物と呼ばれる活魚や貝類を使う卸、鮮魚全般を扱う卸などさまざまです。寿司屋は仲卸を回ってそれぞれの店が得意とする魚を買いつけます。仲卸業者は魚を見極めるプロであり、仲卸業者のサポートなしにはいい魚を揃えることはできません。

マグロ専門業者

腹カミ1番2丈分だね。

特種物：活魚専門業者

今日はこれだね。明石だよ！

関連事業者

氷は毎日氷屋さんから買っているよ。

特種物：
貝の殻むきやアナゴ、寿司ネタなどの専門卸。タネもの屋とも。

貝むき一筋40年よ♪

アナゴを一瞬でさばくぞ！

各仲卸業者に所属し、ターレーで買い付けた品物を運ぶ人。

10時までには届けますね〜。

各仲卸業者の会計係。お帳場さん。

10件くらいの注文なら同時にさばいちゃうわ！

用語編

鮎魚女

- 和 アイナメ
- 別 アブラメ、アブラコ、シジュウ
- 英 Fat greenling
- 旬 3〜7月

魚体はあまりおいしそうに見えないけれど、切り身の色はソメイヨシノの花びらのような、淡くて美しい色です。身は白身のわりに甘みと脂があり、塩や柑橘で食べると魚の旨味がより楽しめます。皮の周囲に旨味が多いので、皮を残して炙ってもよいです。あら汁は非常に上品な味わいで、料亭では葛打ちした切り身でお吸い物にされます。

石蓴

- 和 ヒトエグサ
- 英 Green laver

浅い海岸で岩などに付着して生息する海藻。寿司屋の味噌汁で定番の具材です。

青魚

食用魚のうち「背の青い魚」の総称。中でも、大漁に獲れる比較的価格の安い魚を指します。背中は青い一方、腹側は白く、これは海面近くを遊泳する魚種に広く見られる保護色の一種で、鳥が上から見たときには水の色になじみ、大きな魚が下から見たときには日光に紛れやすいと考えられています。アジ、イワシ、キビナゴ、コハダ、トビウオ、ニシン、サバ、サンマなどを指し、マグロやカツオは背中が青いものの、価格帯が異なり、一般的には青魚と呼びません。

青柳

- 和 バカガイ
- 別 サクラガイ、ヒメガイ
- 英 Chinese mactra
- 旬 1〜4月

寿司屋ではアオヤギで通っていますが、標準和名はバカガイ。歯ごたえと潮の香りが魅力です。足を立てた握りや、貝柱だけを集めた軍艦巻きが一般的。

関連語 星(p.174)

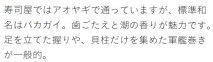

赤おろし

- 別 紅葉おろし

水に浸してふやかした赤唐辛子をダイコンに挟み、一緒におろした大根おろし。白身の魚やポン酢と相性がいいので、寿司の薬味にも使われます。

赤貝

- 和 アカガイ
- 別 ホンダマ、アカダマ、バクダン
- 英 Bloody clam
- 旬 10〜3月

産卵前の2月が最高においしい時期。晩春〜夏場は産卵期で禁漁になりますが、地域によりずれるため一年中手に入ります。卵は鮮やかなオレンジ色ですが、下痢を引き起こす毒を含むのでていねいに取り除きます。アカガイの足の部分はタマ、外側の膜の部分をヒモ（貝ヒモp.71）と呼び、タマの部分だけでなくヒモを握って海苔帯でとめたり、ヒモを軍艦巻きにしたり、キュウリや薬味と海苔巻きにしたヒモきゅう巻き(p.166)など、いろいろな楽しみ方があります。肝を甘辛く煮たものもお酒に合います。

赤身
あかみ

一般には赤い色をした食物全般を指しますが、寿司に関しては、マグロの身のうち脂肪分の少ない背側の身を指します。同じ赤身でもキハダマグロなら酸味がさっぱりしていて食べやすく、クロマグロは旨味が強い、といったようにマグロの種類によって味わいが異なります。また、1匹のマグロから取れた赤身でも、部位によって味に違いがあります。「腹上一番」といわれ、他の部位同様、赤身も最も頭に近い腹側が一番上物とされています。マグロが店の格を決めるといわれますが、マグロの質を決めるのは赤身ともいわれています。

関連語 白身（p.114）

赤身魚
あかみざかな

寿司屋では、魚を見た目で赤身、白身、光り物（p.165）に分類します。これに対し、栄養学では魚を筋肉の成分で赤身魚と白身魚に分類します。赤身魚は筋肉中のミオグロビン（p.184）という色素タンパク質の含有量が多い、回遊魚全般、例えばマグロ、カツオ、ブリ、ヒラマサ、ハマチ、サバ、サンマ、アジなどを指します。ブリ、ヒラマサ、ハマチなどは身が白っぽい色をしているので白身の魚と思われがちですが、筋肉の成分としては赤身魚に分類されます。

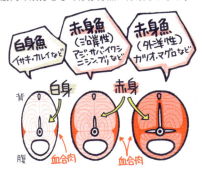

あがり

寿司屋で使われる符牒（p.168）で、お茶を指します。もともとは江戸時代の遊郭の言葉で、最初に出るお茶を、「上がりばな（花）」などと呼んだことに由来しています。温かいお茶は、魚の脂や匂いの付いた舌を洗い流すため、ネタの合間でお茶を飲むと、1つ1つのネタの風味をより味わうことができます。

浅葱
あさつき

ネギに似た野菜で、ネギよりも色が薄い（浅い）ことから浅葱といい、薬味としてイカや白身、光り物、ネギトロなどに使用されます。味は万能ネギよりも辛みが強く、生姜とたたいたり、小口に切ったものをネタの上にのせます。

浅蜊
あさり

- 和 アサリ
- 英 Japanese littleneck clam、Manila clam
- 旬 4～6月

大きめのアサリのむき身を煮て、2～3匹を使って1貫の直づけ、もしくは軍艦巻きに握り、ツメをのせていただきます。

鯵
あじ

- 和 マアジ　別 ホンアジ、ヒラアジ、ノドグロ
- 英 Horse mackerel　旬 5～9月

古くは酢じめで使われましたが、現代では生が主流。味がいいのでアジと呼んだという説もあるくらいで、切り身を塩水にくぐらせてそのまま食べてもおいしいです。小ぶりのものであれば丸づけ（p.182）で、中ぐらいのものは切りつけて握ります。長ネギ、シソ、ショウガ、柑橘など薬味との相性もよく、どのような姿で提供されるのかも楽しみの1つといえるでしょう。兵庫県淡路の他、いずれも豊予海峡で漁が行われる、大分県佐賀関の関アジ、愛媛県佐田岬の岬アジ、その他にも、脂質を多く含む島根県浜田港のどんちっちアジなど、各地のブランドがあります。

鯵巻き（あじまき）

アジとキュウリ、シソ、ガリ、ゴマなどを、シャリを使わずに海苔で巻いたおつまみです。

関連語 小肌巻き（p.93）

アスタキサンチン

β-カロテンやリコピンなどと同じカロテノイドの一種で、エビ、カニなどの甲殻類やイクラ、サーモン、タイの赤みの元である色素です。ヘマトコッカスという藻類がアスタキサンチンを生産し、オキアミなどの動物プランクトンがヘマトコッカスを食べ、オキアミを食べた魚の体内にアスタキサンチンが蓄えられます。サーモンはアスタキサンチンにより赤っぽい色をしていますが、白身（p.114）の魚です。サケの稚魚の体は白く、お腹についた赤い「さいのう」という袋の中にアスタキサンチンが含まれています。アスタキサンチンにはβ-カロテンやリコピンよりも強い抗酸化作用と抗炎症作用があります。

東源正久（あずまみなもとまさひさ）

1872（明治5）年創業の東京・築地の老舗包丁専門店。店頭には一般人は使わないような鮪包丁やなた包丁（ヒレを落とすのに使う）もディスプレイしてあり、迫力満点。

©株式会社 東源正久

穴きゅう巻き（あなきゅうまき）

煮アナゴとキュウリを巻いたのり巻き。通常中巻きでつくります。

穴子（あなご）

和 マアナゴ　別 はかりめ
英 Whitespotted conger
旬 6〜8月

寿司ネタは煮アナゴが一般的ですが、関西では焼くこともあります。煮方は店によってさまざまで職人の腕の見せ所です。握った後にツメ（p.145）を塗るのが江戸時代のアナゴ握りのつくり方ですが、塩や柑橘をのせることもあります。握る前に炙ると香ばしく、温かくいただけます。肝は佃煮やお吸い物に、骨は素揚げにしておつまみに。アナゴの稚魚は「のれそれ」といい、稚魚も寿司ネタになります。

アニキ

①寿司屋で使われる符牒（p.168）で、先に用意され、先に使うべき古いもの（例えばネタやシャリなど）のことを兄貴と呼びます。

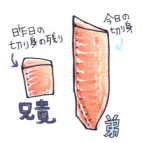

②寄生虫であるアニサキスのことを、隠語でアニキと呼ぶことがあります。

アニサキス

魚介類につく代表的な寄生虫（線虫）で、寿司ネタではイカ（特にスルメイカ）やサバに寄生していることが多いです。魚が生きている間は主に魚の内臓にいて、魚が死んだ後、筋肉に移動するため、魚が新鮮なうちにさばくことで被害を少なくすることができます。また60℃で1分以上の加熱、もしくは冷凍処理（−20℃、24時間以上）によって感染を防ぐことも可能です。アニサキスが寄生した魚を食べても、何も発症せずに便中に出て行くこともありますが、アニサキスが消化管に噛みついて留まってしまった場合に局所的なアレルギー反応が起こり、腹痛、嘔吐、下痢などの食虫毒症状（アニサキス症）を起こします。

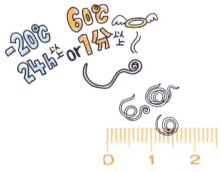

アニサキスアレルギー

アニサキスによるアレルギー反応。アニサキス症が生きているアニサキスによって引き起こされるのに対し、アニサキスアレルギーは、生死にかかわらずアニサキスの体や分泌物に含まれる抗原に対してヒトの体がアレルギー反応を起こすことで発症します。多くはじんましんですが、重症の場合は呼吸困難や血圧低下などを伴うアナフィラキシーショックを発症します。

炙り

ネタを炙ると、生とはまた違った味わいが楽しめます。回転寿司ではサバ、サーモンの炙りが一般的ですが、アイナメ、カワハギ、キンメ、タチウオ、シマアジ、ノドグロなどの白身魚や、イカ、ホタテ、エビ、貝類なども炙って塩や柑橘をのせると◎。握ってからガスバーナーで炙る店もありますが、七輪で炙ったネタで握ることもあります。

鮎

 アユ 英 Ayu
旬 6〜8月

冬から春にかけて禁漁となる、夏のネタです。新鮮なものは生で握りにします。皮を取って握っても、皮のまま握って炙っても美味。酢でしめて握りにすることもありますし、手がかかりますが、甘露煮にしてから3枚おろしにして握ったものも絶品です。

鮎ずし

アユを使った押し寿司。アユが獲れる地域では全国的に鮎ずしがつくられますが、つくり方は各地で異なります。アユを頭から尾まで丸ごと背開きにし、酢じめにしたものが多く、奈良県吉野川の桜鮎や、熊本県球磨川のアユでつくった駅弁は有名。和歌山では素焼きにしてから甘露煮にしてつくります。広島県三次の鮎ずしは寿司飯の代わりにおからを使い、ショウガと麻の実が入っています。

鯣(あら)

| 和 アラ | 別 オキスズキ、ホタ |
| 英 Saw-edged perch | 旬 12〜3月 |

スズキの仲間ですが、漁獲量が少なく養殖もされないため、めったにお目にかかれず、超高級で超美味な魚です。見た目はほんのりピンク色のついた普通の白身ですが、強い旨味を持っています。クエという別の魚も九州では「アラ」と呼ばれるため、間違えられがち。

粗(あら)

あらは、魚のおろし身を取った後に残る、頭、骨、エラ、ヒレなどとそれらについた身をいいます。あらは食材であり、寿司屋ではあらを使って汁物をつくります。

粗汁(あらじる)

魚のあらを使ってつくる汁物。ぬめりや臭みを取る作業（霜降りp.109）を行った後、水から沸かしてスープを取ります。味噌で味をつけたものを「あら汁」、塩で味をつけたものを「潮汁」といいます。おまかせの寿司屋では、汁物は普通食事の終盤で提供されますが、序盤に潮汁、終盤に味噌汁で計2回というお店も。

合わせ酢(あわせず)

酢に各種の調味料を配合したものの総称。寿司飯に用いるお酢だけでなく、二杯酢、三杯酢、甘酢なども合わせ酢といいます。寿司飯には通常、酢に砂糖、塩を加えて合わせ酢をつくりますが、比率は店によりさまざま。赤酢を使った江戸前寿司では砂糖を加えずにつくっていました。現代でも店によっては砂糖抜きで粕酢を使います。関西では関東に比較してシャリを甘くする傾向があり、甘さを出すために炊飯時に昆布を使います。その他柑橘類を加えたり、店によって異なる材料が加えられることもあります。

関連語 酢(p.115)

鮑（あわび）

蝦夷鮑
- 和 エゾアワビ
- 別 アイベ　英 Ezo abalone
- 旬 11〜1月

クロアワビの北方型亜種で、クロアワビよりも小さめです。国内外で養殖されるため比較的安価、とはいえ、アワビなので高級品です。回転寿司のアワビは通常エゾアワビか、輸入もののアカネアワビが使われています。

黒鮑
- 和 クロアワビ
- 別 オガイ　英 Disk abalone
- 旬 6〜8月

本来アワビといえばクロアワビを指し、メガイアワビに対して本種をオガイと呼びます。数が獲れないため、超高級品。生で食べるのに一番おいしいアワビといわれており、寿司にする場合は薄く切って噛みやすいように隠し包丁を入れて握ります。もちろん酒蒸しにしてもおいしく、酒蒸しを厚めに切ったものは寿司屋のおつまみの定番です。

眼高鮑
- 和 マダカアワビ
- 別 マダカ、メダカ　英 Giant abalone
- 旬 6〜8月

生よりも加熱した方がおいしいアワビ。酒蒸しにして生よりも少し厚めに切ったものを握りにします。肝を一緒に食べられると最高です。

雌貝鮑
- 和 メガイアワビ
- 別 メガイ、メヒラ
- 英 Siebold's abalone　旬 6〜8月

マダカアワビと同様に加熱した方がおいしいアワビ。アワビはウニと同じ海藻を食べるため相性がよく、ウニを炙ってのせたり、肝をウニと和えてのせることもあります。

あん肝

カワハギの肝と並んで日本では「海のフォアグラ」とも呼ばれます。アンコウの肝を成形して酒蒸しにし、スライスしたものをネタにします。肝は秋から冬にかけて大きくなり、春の産卵を前に小さくなるので、秋になると市場に出てきます。握りもいいですが、ポン酢でおつまみも旨し。あん肝の脂はオレンジ色をしているので、オレンジの色の強いものが美味。回転寿司では軍艦巻きで、寿司屋ではおつまみとして出される事が多いですが、薄切りにした奈良漬けをのせて握るお店もあります。

あんこずし

山口県の郷土料理。「あんこ」はいわゆる詰め物のことです。丸めたシャリの中に切り干し大根、にんじん、干しシイタケ、ごぼう、こんにゃく、油揚げなどの醤油で煮た具を入れ、型にはめて押した後、上にでんぶ、錦糸玉子、煮シイタケ、さやいんげんなどを飾ります。米がない時代に中に詰め物をして米を節約したのが始まりだとか。

EPA（いーぴーえー）

Eicosapentaenoic acidの略。日本語表記だとエイコサペンタエン酸。寿司ネタにされる魚では、サバ、イワシ、サンマ、サーモンなどに多く含まれています。ヒトの体で合成することができず、食べ物などから摂取する必要がある必須脂肪酸。血中脂質低下作用、血小板凝集抑制作用があり、エステル体は高脂血症、閉塞性動脈硬化症の治療薬として販売されています。

烏賊(いか)

障泥烏賊(あおりいか)
- 和 アオリイカ
- 別 ミズイカ、バショウイカ
- 英 Bigfin reef squid
- 旬 4〜8月

夏のイカ。市場では生きて泳いでいるものも手に入ります。身が透明で青い目が非常に美しく、味も最高です。身が厚く比較的固めなので、斜めもしくは格子状に隠し包丁を入れます。旨味が抜群に多く、イカの王様ともいわれます。塩、柑橘も合いますし、熱湯にくぐらせてからツメ(p.145)を塗ってもイカの味が負けません。

新烏賊(しんいか)
- 旬 8〜9月

春に生まれたコウイカ(スミイカ)の胴(外套長)が長さ5cmくらいまでに育ったものをいただく、夏だけのネタ。1匹で1貫、もしくは2匹で1貫を握ります。イカの中で最も繊維の柔らかいコウイカの子どもなので、とても柔らかく、ペロリと食べられてしまいます。身の方は塩で、ゲソはツメ(p.145)で、味も食感も一度に両方楽しめます。

剣先烏賊(けんさきいか)
- 和 ケンサキイカ
- 別 アカイカ、ゴトウイカ(旬:3〜8月)、シロイカ、ブドウイカ
- 英 Swordtip squid
- 旬 6〜10月

アカイカとシロイカは、遺伝的には同一のケンサキイカですが、生まれた季節や育った環境、地域によってかなり異なる姿に。胴(外套長)が細長く、夏〜秋生まれのものはケンサキイカやアカイカと呼ばれ、最大のものは胴の長さが50cmにもなります。アカイカの産地は佐賀の呼子と伊豆諸島が有名。一方で胴が太い、春〜冬生まれのものはシロイカと呼ばれ、30cmくらいにとどまり、産地は山陰地方が有名です。身が柔らかく、そのおいしさもさることながら、飾り包丁が映えるので見映えのいい握りができます。九州の有名店「天寿し」のイカの握りは花のようなイカの上にウニ、トビッコ、山椒、五色ゴマがのって主役級のビジュアルです。

墨烏賊(すみいか)
- 和 コウイカ
- 別 ハリイカ、マイカ
- 英 Cuttlefish
- 旬 11〜2月

成長したコウイカの旬は11月ごろから春まで。身はねっとりしていて歯切れがいいので、隠し包丁をあまり入れずに食感を楽しむこともできます。東京湾で獲れたため、もともとは江戸前寿司の代表的なネタ。江戸時代は甘く煮て食べられていましたが、最近は塩や柑橘で食べる店が多いのではないでしょうか。昆布じめにしてもおいしいです。

鯣烏賊(するめいか)

- 和 スルメイカ
- 別 マイカ、スルメ
- 英 Japanese flying squid
- 旬 通年

日本で最も多く食べられていて、安価なイカですが、海水温の変化のため2016年から激減し、価格が高騰しています。身が固めなので薄めに切り、隠し包丁をしっかり入れます。新鮮なものをショウガと醤油の組み合わせでいただくのがオススメ。

紋甲烏賊(もんごういか)

- 和 カミナリイカ
- 別 マイカ
- 英 Ocellated cuttlefish
- 旬 10〜2月

標準和名はカミナリイカですが、モンゴウイカの名前で流通しています。回転寿司でよく見られる輸入物のコウイカもモンゴウイカと呼ばれているため、しばしば混同されます。和製のモンゴウイカは甘みがあって高級品です。

蛍烏賊(ほたるいか)

- 和 ホタルイカ　別 マツイカ
- 英 Firefly squid　旬 4〜6月

富山県産が有名で、漁が解禁されると一斉に市場の目立つ場所に置かれます。お店ではゆでたもの、もしくは生で内臓を取り除いたものが寿司ネタに使われます。1978年に旋尾線虫(せんびせんちゅう)(p.128)という寄生虫がホタルイカによる食中毒の原因として発見され、以降生食の場合は内臓を取り除くようになりました。酒呑みにはたまらない内臓の味ですが、ゆでたものはそのままで軍艦巻きに、ショウガをのせて、シソを添えて、個人的には何貫(かん)でも食べられるネタです。

槍烏賊(やりいか)

- 和 ヤリイカ
- 別 ササナガ、ササイカ、テッポウ、ミズイカ
- 英 Spear squid
- 旬 12〜4月

生でも噛み切りやすく、甘くておいしいため、寿司屋でよく使われます。表側に隠し包丁を入れて鹿の子(p.75)にしたりして華やかにもできる種類です。身の下に焼き海苔を挟んで磯の香りを加えたりもします。

イカ寿司

青森県の郷土料理。ゆでたイカの胴に、ゲソ、塩もみをして酢と酒で和えたキャベツ、にんじん、ショウガなどの千切りを詰め、重石をして数日置いてつくります。もともとは塩をしたご飯を詰めて漬けておき、発酵による酸味を味わう発酵食品の一種でしたが、時代とともに製法が変わったようです。

イクラ

サケの卵巣をほぐして、塩漬けもしくは醤油漬けにしたもの。冷凍可能なため通年食べられますが、産卵前の夏から秋には獲れたて、ほぐしたてを味わうことができます。イクラはロシア語で「魚の卵」。明治時代にイクラの加工法がロシアから伝わった際、ロシア語でイクラと呼ばれていたので日本でもイクラと呼ぶようになりました。ちなみにロシア語ではイクラは「赤いイクラ」（красная икра／クラースナヤ・イクラー）と呼ばれます。一方、「黒いイクラ」（чёрная икра／チョールナヤ・イクラー）はキャビアのことです。イクラの握りといえば一般的には軍艦巻きですが、海苔を使わずに小皿にシャリとイクラをのせて、その旨味を味わう出し方や、振り柚子（柚子 p.192）で変化をつける出し方があります。

いくら姫

アニメ『アンパンマン』に出てくるキャラクター。頭が軍艦巻きのイクラの形をしている女の子で、おすしの国のお姫様です。

活けじめ

魚の鮮度を保つために、タイやヒラメなどの中型の魚に対して行うしめ方。生きた魚の脳に刃などを刺して素早く脳死状態とした後、エラを切断して全身の血を抜き、ピアノ線などを脊髄に通して神経をしめます。尾の付け根を切り、エラと尾の間に水を通して血を抜いて、ピアノ線を尾の方から脊髄に通す方法もあります。活けじめの前に生け簀で消化管を空にすることを「活け越し」といい、活け越しをすると、より良い状態で保存できます。脳死させることにより、魚が暴れて傷んだり、旨味のもとが消費される、あるいは乳酸などの疲労物質が溜まって味が劣化することを防ぎます。さらに、神経を抜くことで、死後硬直までの時間を延長させると、食感の変化がゆっくりと起こります。雑菌は血液を好むので、血液をできるだけ取り除きます。おいしい魚をうまく活けじめしたものは、すぐに食べるより熟成させてから食べた方が、よりおいしくいただけます。

活け物

市場で販売する直前まで、生きたまま水中を泳がせて保管されている活魚のこと。活魚を入れた籠が並ぶエリアを「活け場」といいます。店の人が「いけのさかな」といった場合は「活けの魚」であって、「池の魚」ではありません。

石垣貝(いしがきがい)

- 和 エゾイシカゲガイ
- 英 Bering sea cockle
- 旬 7〜10月

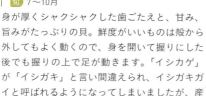

身が厚くシャクシャクした歯ごたえと、甘み、旨みがたっぷりの貝。鮮度がいいものは殻から外してもよく動くので、身を開いて握りにした後でも握りの上で足が動きます。「イシカゲ」が「イシガキ」と言い間違えられ、イシガキガイと呼ばれるようになってしまいましたが、産地は石垣島ではありません。

石川県(いしかわけん)

日本の都道府県の一つ。回転寿司のベルトコンベアのほとんどが石川県で製造されています。

飯寿司(いずし)

飯寿司と書いて「いずし」や「いいずし」と読む、日本海側の寒冷地に伝わる冬の郷土料理。サケ、ホッケ、コマイ、カレイ、ニシンなどの魚に塩をして、キャベツ、ニンジン、ダイコン、カブなどの野菜とショウガ、柚子、山椒などの薬味を合わせ、米麹、塩で漬け込んだ発酵食品です。

磯辺焼き(いそべやき)

海苔を巻いた焼餅、もしくは海苔を使った各種焼き物。寿司屋ではホタテやタイラガイの貝柱などを炙り、醤油を少しつけて海苔で挟んだものをおつまみに出します。磯の香りがたまらない一品です。

板前(いたまえ)

和食の技術を身につけた料理人のこと。「板」は「まな板」の板で、その前で調理する人のことを「板前」といいます。寿司も和食の範疇なので、板前の概念に含まれますが、業界では完全に別の職種とみなされています。普通、板前といったら寿司は握りません。

市場かご(いちばかご)

竹製の籠。底が平らで面積が広いため、魚を平らに配置するのに適しています。市場で買出しをするのに便利。

稲荷寿司(いなりずし)

寿司の一種で、甘辛く煮た油揚げの中に寿司飯を詰めたもの。「お稲荷さん」、「お稲荷」、「いなり」とも呼ばれます。関東では俵型、関西では三角と形が異なり、また関西では寿司飯に白ゴマやニンジン、シイタケなどを煮詰めた具材を混ぜる場合もあり、具が入ったものは「五目稲荷」ともいいます。

今田壽治

1941(昭和16)年に軍艦巻きを考案した寿司職人であり、東京・銀座の寿司屋「久兵衛」の初代店主。イクラはそれまで寿司ネタとして使われていませんでしたが、珍しいものが食べたいと思った客のリクエストに応え、そのままでは握りにできないイクラを寿司ネタにする方法を編み出しました。

煎り酒

醤油と同様に室町時代から使用されてきた調味料で、日本酒に梅干しを入れて加熱し、アルコールを飛ばして煮詰めてつくります。鰹節や昆布などを加える場合もあります。寿司屋で「そのまま食べてください」といわれた場合は、あらかじめ、煮切り、塩などで調味されていますが、まれに、煎り酒がネタに塗られていることがあります。醤油に比べて塩分を控えることができ、醤油の匂いがない分、素材の香りを生かせるため、白身、イカ、貝類や、昆布じめしたネタとよく合います。

岩国寿司

山口県東部、岩国地方の郷土料理。角寿司、殿様寿司とも呼ばれます。専用の木枠の中に寿司飯を敷き詰め、錦糸玉子、レンコン(酢ばす)、シイタケ、おぼろ、アナゴなどをのせ、これを

何層にも積み重ね、最後に上から人が乗り、押し固めて完成。魚はサワラやアジなどが寿司飯に混ぜ込まれる場合もあります。

鰯

- 和 マイワシ
- 別 ナナツボシ
- 英 Japanese sardine
- 旬 5〜10月

体の側面に黒い点があるのでナナツボシとも呼ばれます。旬の梅雨の時期のイワシは、梅雨いわしや入梅いわしとも呼ばれ、魚屋の目玉商品になります。旬の脂ののった新鮮なものは生で、そこそこのものは酢でしめるのがオススメ。薬味はショウガとアサツキが一般的ですが、シソやスダチ、炙り+柑橘など楽しみ方はさまざまです。

印籠寿司

醤油、みりん、だし汁などで甘く煮たイカの身に、かんぴょう、ガリ、ゴマなどの具と寿司飯を混ぜたものを詰めた寿司。印籠詰めともいいます。水戸黄門でおなじみの印籠は、薬などを携帯するための小さな容器で、平たい長方形を

しており、3段から5段くらいに分割できます。輪切りにした印籠寿司がこれによく似ていることが由来となりました。戦前の江戸前寿司店ではよくつくられていましたが、現代ではあまり見られません。

魚河岸

魚市場のある河岸を魚河岸といいますが、これは日本橋から江戸橋にかけての河岸に魚市場があったことに由来します。徳川家康が江戸に幕府を開いた際、摂津の佃村・大和田村から数十名の漁民を江戸に移り住ませて、江戸城で消費する魚を獲らせたといわれています。そして幕府に納めた残りの魚を一般に販売するために、魚を獲る人と商う人が分業したことから、本格的な魚市場が始まり、やがて遠方からの海産物も入荷するようになって大いに賑わいました。日本橋にあった魚河岸は、関東大震災後1935年に東京都中央区築地に移転し、2018年10月に江東区豊洲に移転しました。寿司屋では魚を省略して「河岸」ともいいます。

関連語 森孫右衛門 (p.189)

浮世絵

『魚づくし 第二集 酒菜づくし』
（末広恭雄 組本社より）

浅草松のすし本店

歌川豊国（三代目）による作品。寿司桶とその上に寿司折を重ねて持つ女性が寿司屋から出てきたところが描かれています。寿司桶に蓋がされていることから、中身は押し寿司と考えられ、寿司折の方は握り寿司が入っていると考えられます。松の鮨は深川の安宅六間堀（現在の新大橋近く）で創業されましたが、後に浅草に移転しており、女性の足元の樽にも「浅草平右衛門町」の文字が見えます。

縞揃女弁慶 松の鮨

歌川国芳が描いた「縞揃女弁慶」シリーズのうちの一枚。女性が寿司折から寿司を出し、子供がそれを欲しがっている様子が描かれています。折箱と絵の上部には「松の鮨」の文字があり、江戸で一番高級だったといわれている堺屋松五郎の松の鮨の寿司を描いていることがわかります。皿にはエビの握り寿司と2つの玉子の巻き寿司、その下に青魚の押し寿司が描かれていて、余白には「をさな子もねだる安宅の松の鮨 あふぎづけなる袖にすがりて」と書かれています。

東京都立図書館蔵

東都高名会席尽
燕々亭 名古屋山三

1853（嘉永6）年の作品で、手前側に当時の人気役者を歌川豊国（三代）が、後ろの料理を歌川広重（初代）が描いていた、全50枚シリーズの一枚です。寿司桶にはコハダ、マグロ、タイ、玉子、太巻きなどが描かれています。

国立国会図書館蔵

東都名所
高輪廿六夜待遊興之図

高輪辺りの月見の様子が描かれた、初代歌川広重の作品。天ぷら、団子、蕎麦など、江戸の代表的な食べ物を売る屋台が並び、寿司の屋台も描かれています。大きなサイズで見ないとわかりづらいのですが、よく見ると、握られた寿司が和菓子のように並べられています。

山口県立萩美術館・浦上記念館蔵

見立源氏はなの宴

歌川豊国（三代）による1855（安政2）年の作品。お花見の料理の中に、寿司桶に入ったエビやコハダの握り寿司、その下に伊達巻き（p.140）が描かれています。紫式部による『源氏物語』の舞台を、平安時代から室町時代に移した設定で書かれた柳亭種彦による作品、『偐紫田舎源氏』の挿絵で、中央の男性が主人公の足利光氏（源氏物語での光源氏）です。

味の素食の文化センター所蔵

名所江戸百景 猿わか町よるの景

歌川広重による1856（安政3）年の作品。猿若町は浅草の北東部で、芝居小屋が立ち並ぶ道の真ん中に、小さい屋台の寿司屋が描かれています。天保の改革により、風紀を乱すとされた芝居小屋が集められた地域で、芝居町とも呼ばれました。町名は歌舞伎の始祖、猿若勘三郎に由来するそうです。

国立国会図書館蔵

歌

I LIKE SUSHI
作詞・作曲横山剣のクレイジーケンバンドの歌。アルバム『777』に収録されています。シブがき隊による『スシ食いねェ！』の歌詞がほぼネタで構成されているのに対し、こちらはほぼネタが出てきません。サビのきいた恋の終わりを歌った歌。

スシ食いねェ！
1986年にリリースされたシブがき隊の楽曲。リリース前年のコンサートツアーにたまたま薬丸さんが参加できず、本木さん、布川さんの二人だけではMCが盛り上がらなかったため、つなぎとして当時まだあまり日本で歌われていなかったラップを、ホテルで出前寿司のメニューを見ながら即席でつくったのが原型だそうです。歌詞に出てくるネタのラインナップが秀逸。英語版もあります。

SUSHI食べたい feat.ソイソース
2015年にリリースされた『SUSHI食べたいEP』、アルバム『TEN』に収録のORANGE RANGEによる楽曲。やはり寿司ネタとラップは相性がいいと感じさせられます。特徴的で中毒性のあるMVは一見の価値あり。

SUSHIBOYS
埼玉県出身のヒップホップグループ。これまでのところ、曲名ではなくグループ名とEPのタイトルに寿司に関連した名前が付いています。

寿司屋
所ジョージの楽曲。刺身を食べて「イキがいいね」という人に、「イキがいいねというのは生きてるときの事、四角くなって生きてるとは僕には思えない」と思いつつ、何もいわないなど、所さんの心情が歌われています。

ちらちゅうしょく………えどまえずし

宇宙食

日清食品ホールディングス株式会社は、宇宙食として「いなり寿司」や「ちらし寿司」(スペース・チラシ)を開発。ちらし寿司の具はエビ、絹さや、シイタケ、サケフレーク、デンブなど。80℃、50mlのお湯で12分戻して調理します。

©日清食品ホールディングス

鰻

- 和 ニホンウナギ
- 別 シラス(稚魚)、クロメ
- 英 Japanese eel
- 旬 天然8～12月、養殖5～8月

蒲焼きにツメ(p.145)、もしくは白焼きに塩とワサビ、どちらも炙ってから握り、温かい状態でいただくと、ウナギとシャリの香りが絶妙に絡み合います。

関連語 絶滅危惧種(p.127)

海胆

馬糞海胆

- 和 エゾバフンウニ
- 別 ガゼ、アカ、バフンウニ
- 英 Short-spined sea urchin, Intermediate sea urchin
- 旬 4～8月

アカという別名にあるように、白っぽいムラサキウニに対してエゾバフンウニは赤みの強い色をしています。殻は緑～茶色で、英名にもあるようにトゲが短いのが特徴です。小ぶりですが味は甘み、コクが強く濃厚な味わいで、軍艦巻きにしても海苔に負けません。

紫海胆

- 和 キタムラサキウニ
- 別 ノナ、シロ
- 英 Northern sea urchin
- 旬 6～8月

名前の通り、殻は紫～黒っぽい色をしており、身は赤みの少ない、白～黄色っぽい色をしています。バフンウニよりあっさりしていますが、潮の味が感じられます。また身が比較的大きいため、軍艦巻きにせず、ウニだけで握りにしやすいです。

馬面剥
うまづらはぎ

和	ウマヅラハギ	別	ハゲ、ナガハゲ
英	Black scraper、Filefish
旬	9〜2月

カワハギと同様に身も肝も楽しみな魚。肝をのせた握りは最高です。

関連語 鮍（p.78）

海ぶどう
うみぶどう

| 和 | クビレヅタ | 別 | グリーンキャビア |
| 英 | Sea grape、Green caviar | 旬 | 10〜5月 |

沖縄特産の海藻の一種。海ぶどうだけで、おつまみにしたり、海苔帯を使った握りにできます。また、マグロの中落ちなどと一緒に手巻きや軍艦巻きにし、魚を海ぶどうの塩分と海苔の香りで食べるのもオススメ。

梅紫蘇巻き
うめじそまき

たたいた梅干しとシソを巻いた細巻きの海苔巻きです。

裏巻き
うらまき

海苔が内側に、シャリが外側になるように巻いた海苔巻き。海外ではロールといえば通常の海苔巻きよりも裏巻きの方がメジャーで、さまざまな種類のロールが食べられています。海苔の上にシャリを均一に伸ばした後、表裏をひっくり返し、その上に具を並べて巻きます。ひっくり返す際に、巻き簾とシャリの間に濡れた布巾かラップを挟み、巻き簾にご飯がつかないようにします。

上身
うわみ

魚の頭を左に、腹を手前に向けて置いたときに、上側になる身を上身、下側になる身を下身といいます。ちなみに流通の際、魚は常に左側を頭にして置かれます。下身は上身の下敷きになるため、傷みやすく、潰れてしまいます。上身の方が価値が高く、下身は先に使われます。

江戸三鮨
えどさんずし

寿司が広まった江戸時代に、江戸で人気だった3つの寿司屋、與兵衛鮓（與兵衛壽司）、松の鮨、毛抜鮓を江戸三鮨といいます。

明治初期の寿司屋の番付
［和田富太郎氏秘蔵
『すし通』（土曜文庫）より］

江戸時代

徳川家康が征夷大将軍に任じられて江戸に幕府を開いた1603（慶長8）年から、15代将軍慶喜の大政奉還によって王政復古が行われた1867（慶応3）年、もしくは明治改元の1868（慶応4）年までを江戸時代といい、この時代に江戸前寿司が生まれました。

江戸前

江戸前とは江戸城の前面の海や河川で獲れた水産物を意味します。江戸前という言葉は享保年間（1716〜1736年）以降に登場し、宝暦年間（1751〜1764年）の間に、ウナギに対して使われるようになりました。大川（現在の隅田川）で獲れたウナギは味がよく、ブランドの意味でウナギそのものを「江戸前」と呼ぶようにもなりました。江戸前という言葉はその後ブランドの意味で、他の魚介類にも使われるようになります。ちなみに最初に江戸前という言葉が使われたころは、品川洲崎と深川洲崎の間の地域を指していました。しかし、時代の流れとともに、埋立てによりこの地域で魚が獲れない、漁船の機能がよくなって漁場が沖に移った、などの事情により、次第に江戸前とされる範囲は広がりました。1953年には築地市場が三浦半島の観音埼灯台と館山を結ぶ線で東京湾を内湾と外湾に分け、その内側を江戸前とする定義をつくりました。複数の解釈がある状態が続きましたが、

2005（平成17）年に水産庁が「江戸前とは東京湾の全体で獲れた新鮮な魚介類を指す」と定義しました。この東京湾とは三浦半島の剣崎と、房総半島の洲崎を結ぶ線より内側を指します。江戸時代には、東京湾で新鮮でおいしい魚介類が獲れたようですが、明治維新後の埋立てと、戦後の水質の悪化により獲れなくなってしまった種類もあります。現代でも江戸前のコハダやアナゴなどはブランドとして扱われ、魚河岸では魚を入れた箱に「江戸前」の札が付けられます。なお、江戸前には上方（関西地方）の流儀に対して、江戸流のものという意味もあります。

江戸前寿司

江戸前寿司という言葉には複数の意味があります。「江戸前」という言葉を「場所」を意図して使う場合には、東京湾で獲れた魚介類を使った寿司という意味になります。一方で、上方の方法でつくられた大阪寿司（p.59）に対比する形で江戸前という言葉を使う場合は、握り寿司のことを意味します。また、江戸前寿司がつくられるようになった時代、当時の職人は冷蔵庫のない中、魚を安全に食べられるよう、ネタに対して酢でしめる、蒸す、煮るなどの仕込みを行っていましたが、このような寿司職人による仕込みを「仕事」といい、握り寿司の中でも伝統的な江戸前の仕事が施された寿司を、江戸前寿司という場合もあります。

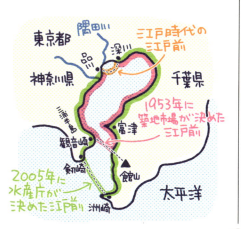

海老(えび)

回転寿司では、一般的にゆでエビよりも生のエビの方が高価格です。そして、エビといえば生を想像する方も多いかと思いますが、実は江戸前握り寿司の伝統的なネタでは、ゆでたクルマエビが使われました。また、江戸前握り寿司では、魚や貝が主役で、どちらかといえばエビは脇役の位置付けでした。とはいえ、子供にも大人気の寿司ネタであり、見た目も特徴的で、エビがあると寿司の華やかさがグッと増します。まさに名脇役。

甘海老(あまえび)

- 和 ホッコクアカエビ
- 別 ナンバンエビ
- 英 Alaskan pink shrimp
- 旬 11〜1月

北太平洋の水深約500mの深海に生息しています。名前の通り他のエビにはない甘みがありますが、採れたては甘くなく、死後に消化酵素によって筋肉が分解されてアミノ酸になり、甘みが出てきて、身も独特のとろみをまとうようになります。別名のナンバンエビは新潟の一部地域だけで呼ばれる名前で、赤く熟した唐辛子(別名ナンバン)に似ていることに由来します。

車海老(くるまえび)

- 和 クルマエビ
- 別 マキ、サイマキ、ハルエビ
- 英 Kuruma shrimp、Japanese tiger prawn
- 旬 5〜10月

加熱時の鮮やかな赤と濃い味が特徴で、江戸前寿司では通常ゆでて氷水でしめてから握ります。関西では「おどり(p.62)」といって生で握ることがあり、店によっては加熱と生、両方でという場合も。目の前で生きた状態から調理してくれる店もあります。黄身酢(黄身酢おぼろp.83)でしめたものや、味噌を一緒に握ったもの、どんな状態で出てくるか楽しみなネタです。

桜海老(さくらえび)

- 和 サクラエビ
- 別 シンエビ、ヒネエビ(産卵前)
- 英 Sakura shrimp
- 旬 3〜6月、10〜12月

産卵のため禁漁となる夏を避けて、春と秋に漁が行われます。塩水で洗って生を軍艦巻きにしたものは、何もつけずにエビの風味でそのままいただけます。

縞海老
- 和 モロトゲアカエビ
- 別 キジエビ、スジエビ
- 英 Morotoge shrimp
- 旬 11～2月

標準和名をモロトゲアカエビといい、その名前は頭部の角についたトゲに由来しますが、トゲよりも体表の鮮やかな深紅の縞模様の方が印象的で、広くシマエビと呼ばれています。殻をむいた身も同じく美しく赤い模様がありますが、扱いに時間がかかると赤色が失われてしまいます。通常、甘エビと同様に2匹づけで握り、うまく扱えれば本当に美しい寿司に。

葡萄海老
- 和 ヒゴロモエビ
- 別 ムラサキエビ
- 英 Prawn
- 旬 通年

生きているときは赤く、獲って少し時間が経つと巨峰のような、紫がかった赤に変わります。甘みもあり、食べごたえのあるプリっとした食感で、生食用のエビの中で最も高級です。

白海老
- 和 シラエビ
- 別 ベッコウエビ、ヒラタエビ
- 英 Glass shrimp
- 旬 4～6月

流通の際は一般にシロエビと呼ばれます。ホタルイカと並んで富山県の春の名物で、4月の解禁とともに店頭に並びます。生食の場合は殻をむく必要がありますが、エビをちぎらないようにむくのはかなり難しく、たいへん根気のいる作業です。手でむかれたものと、機械でむかれたものがあり、手でむかれたものは高価ですが、やはり旨味が格段に違います。身は柔らかく、味は抜群に濃厚です。

牡丹海老
- 和 ボタンエビ、トヤマエビ
- 別 オオエビ、トラエビ、カスガエビ
- 英 Botan shrimp
- 旬 12～1月

標準和名がボタンエビのものとトヤマエビのものが、ともにボタンエビとして流通しています。背側を開いて1匹づけで握るのと、腹側を開いて尾を折り返して握るのが一般的ですが、甘エビなどよりも身がしっかりしているので、ヅケにしたり、湯引き(p.193)して唐子(p.76)に握ったりする店もあります。手間がかかりますが、頭部の身をトッピングすると濃厚な旨味がプラスされます。頭部を寿司に使わない場合は殻ごと焼いて中を食べたり、味噌汁にできます。抱卵しているものは卵ものせて握ります。

恵方巻き

7種類の具（かんぴょう、エビ、玉子、シイタケ、おぼろ、キュウリ、三つ葉）を使う中巻き。ほぼ中巻きと同じものですが、中巻きは切って食べるのに対し、恵方巻きは切らずに食べます。節分に恵方を向いて無言で食べると縁起がよいとされています。

エンガワ

ヒラメもしくはカレイのヒレを動かすための筋肉で、日本家屋の縁側に似ていることからエンガワと呼びます。回転寿司のエンガワは、通常1匹から多量のエンガワが取れるカラスガレイのもので、そうでない寿司屋でただ「エンガワ」という場合にはヒラメのものが一般的です。1匹から少量しか取れないため高級で、エンガワだけの握りをつくらず、ヒラメなどの握りの上にのせてすべてのお客に行き渡るようにする店もあります。

黄色ブドウ球菌

黄色ブドウ球菌 (Staphylococcus aureus) は、ウシやニワトリなどの家畜や健常な人の鼻腔、咽頭、腸管など、人が生活する環境に広く存在します。黄色ブドウ球菌が食品中で増殖するときに産出するエンテロトキシンが食中毒の原因となり、乳製品、人の手で加工される食品などで食中毒が発生します。化膿の原因菌であり、手指などが化膿した場合、化膿巣には黄色ブドウ球菌が大量に存在しています。鋭い包丁を日常的に使い、かつ素手で寿司を握る必要のある寿司職人は、ケガと黄色ブドウ球菌に細心の注意を払う必要があります。

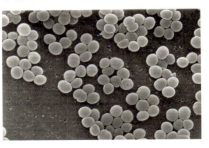

大阪寿司

押し寿司、棒寿司、伊達巻き寿司、太巻き寿司など、箱寿司に代表される握り以外の寿司は、大阪寿司です。手の内で握ってサッと食べる江戸前に対して、大阪寿司はつくったその場で食べるのではなく、持ち帰って食べることを想定してつくられており、時間が経っても風味が変わらないのが特徴です。

大トロ

マグロの腹側の身で内臓を包む、最も脂の多い部分。口の中で脂が溶けるときに濃厚な旨味が感じられるため、適温で食べられるように気を使う店では、冷蔵庫から出し、提供するまでの時間を調整することがあります。1匹から取れる量が少ないため仕入れ値が高価で、一般に寿司屋の原価率を引き上げているネタです。

大村寿司(おおむらずし)

室町時代中期から長崎県大村市に伝わる郷土料理。もろぶたと呼ばれる木箱に寿司飯を敷き詰め、その上に煮付けたゴボウを広げます。さらに寿司飯をのせ、その上にカマボコ、デンブ、シイタケ、錦糸玉子(きんしたまご)をのせ、押し寿司にします。食べるときは箱から出した寿司を5cm四方に切り分けます。

岡持ち(おかもち)

料理を運ぶのに使用する、蓋付きの桶や箱。名前の由来は、「桶」がなまって「岡」になった、形が岡に似ているなど諸説あります。寿司用のものは、取っ手の長さが手持ち用のものと、肩掛け用の長いものがあります。ラーメンや蕎麦の出前で使われる、四角い金属製の箱も岡持ちです。

おから

豆腐をつくる過程で、大豆から豆乳を絞った際に出る大豆のかすのこと。使用済みのお茶の葉を「茶がら」というのと同様に、かすを「から」と呼び、それに丁寧語(ていねいご)の「御」をつけた女房詞(にょうぼうことば)です。シャリはお客さんに出すので練習には使えないため、見習いの寿司職人は昔からおからをシャリの代わりに使って握りの練習をしました。シャリのように粒子同士がくっつかないため、おからで寿司を握るには高度な技術が必要です。おからで上手に握れるようになるころには、シャリで握るととても簡単に感じられるそうです。寿司屋の近所に豆腐屋がある場合は、朝のうちにおからをもらいに行くのだとか。また、一部の郷土ずしは寿司飯の代わりにおからを使ってつくります。

関連語 おまん寿司(ずし)(p.63)、きびなご寿司(ずし)(p.83)

お決まり(おきまり)

寿司屋での注文方式の1つ。「上にぎり」、「特上にぎり」、「松・竹・梅」などのランクがあります。中身も値段もあらかじめ決まっていて、だいたい2000〜5000円ぐらいで提供されます。

関連語 お好み(このみ)(p.61)、おまかせ(p.63)

お好み

寿司屋での注文方式の1つ。1つ1つ食べたいネタを職人さんに伝えて握ってもらいます。

関連語 お決まり(p.60)、おまかせ(p.63)

押し型

押し寿司をつくるための木製の道具。ポリエチレン製のものもあります。すし型、押し箱ともいいます。ケラ箱、バッテラ箱、松前型など、用途によって縦横比が異なります。また、押し型を使ってつくる寿司を総称して箱寿司といいます。シャリの付着を防止するため、押し型は使用前に水に浸しておき、使うときは濡らしたさらしで拭きます。また型のサイズに切った葉蘭(p.165)を敷くときれいにできます。

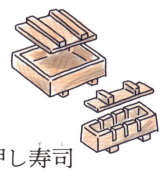

押し寿司

箱にシャリとネタを詰め、上から圧をかけて成型する寿司のこと。箱寿司ともいいます。サバでつくるバッテラやアナゴの押し寿司など全国的に知られている押し寿司の他にも、各地の郷土料理が存在しています。また、工夫を凝らしてケーキのようにアレンジされたものなど、さまざまなバリエーションがあります。

押し抜き寿司

香川県に伝わる郷土料理。扇子やひょうたんの型に寿司飯を詰め、煮付けたシイタケやフキをのせ、さらに寿司飯をのせて、上に酢じめにしたサワラ、そら豆、錦糸玉子をのせて押し寿司にします。

お新香巻き

たくあん巻きともいいます。千切りにしたたくあんと白ゴマを細巻きにした海苔巻き。シソを一緒に入れるとさわやかに変身します。

おすしのたつじん……おひつまで

お寿司の達人

①寿司屋経営ゲームのAndroid/iPhoneアプリ。食材の調達やメニューの開発、寿司屋での販売、経営を行い、店を大きくしていく育成型ゲーム。②TBS系列の番組「水曜日のダウンタウン」で2016年より放送された企画。ゲーム「太鼓の達人」の要領で、挑戦者が曲に合わせて太鼓を叩く代わりに、ベルトコンベアで流れてくる寿司を食べ、曲の最後まで寿司を食べ切れたらチャレンジ成功となります。

お手許

符牒(p.168)の一種で、箸のことをお手許(御手元)といいます。もともとは遊郭の言葉で、箸が膳の一番手前にあることから、また、箸は「端」と同じ音であり、縁起が悪いと考えられたことからお手許と呼ばれたのだとか。

おどり

生のクルマエビの握り寿司です。握る直前まで生きていたエビの身が、シャリの上でピクピク動いている状態で食べます。

お姉さん

築地で働く女性。年齢にかかわらず全員お姉さんと呼ばれます。

おひつ

つくったシャリを保存しておく蓋付きの木製寿司桶。木が余分な水分を吸うのでシャリの状態を保つことができます。

おぼろ

エビ（主にシバエビ）もしくは白身魚を生のままりつぶし、みりん、砂糖、酒、醤油などで味付けし、鍋の中で手早くかき混ぜながら火を通したもの。おぼろは典型的な江戸前の仕事の1つで、握り寿司と同じく華屋與兵衛の考案とされています。コハダやカスゴなどの酢じめしたネタとシャリの間に挟んだり、ネタの上にのせたりします。その他、おぼろの握り、おぼろ巻き、太巻きやちらし寿司の具として使われます。江戸時代の握り寿司はシャリ全体にもみ海苔、シイタケ、エビのおぼろなどを混ぜた五目飯で握ったものなどもあったそうです。エビの代わりに卵の黄身を使うと、黄身おぼろになります。黄身おぼろは「黄身酢おぼろ」（p.83）に使われます。

おまかせ

寿司屋での注文方式の1つ。お客がネタを選ぶのではなく、職人が選んだネタをコースで提供します。最初に苦手なものが確認されるので、食べられないものは避けることができます。通常、コースが終わると「ここまでで一通りです」と告げられるので、追加で食べたい場合には追加の注文ができます。

関連語 お決まり（p.60）、お好み（p.61）

おまん寿司

島根県の石見地方に伝わる郷土料理で、寿司飯の代わりにおからが使われます。背開きにしたアジを酢じめにし、アジをしめた酢で炒めたおから、麻の実、ショウガなどをアジにくるんで、かるく重石をしてつくります。江戸時代に日本橋と京橋の間におからを使った寿司を売る店があり、その店の女房が「おまん」という名前で評判だったことから、その寿司屋は「おまん鮓」と呼ばれていました。「おまん寿司」の名前は江戸の「おまん鮓」に由来していると考えられています。

オムライス

残った酢飯はオムライスにするとおいしく食べられます。バターで玉ねぎを炒め、ケチャップで味を付け、トロトロの卵をのせるだけ。酢とケチャップが両方入るので少し酸っぱくなりますが、酸っぱいものが好きな人にはオススメです。ケチャップの代わりに炒めた完熟トマトを使うと、よりマイルドな味に仕上がります。

おもさ……おもちゃ

重さ

日本における寿司のシャリの重さは10〜20gほど。高級な店では軽い傾向にあり、ランチや出前ではお腹を満たすために重めとなる傾向があります。海外の大衆的な寿司屋ではさらに重いこともあります。ネタの重さは、ある程度のレベルの店であれば、ネタの種類によって重さを変えます。例えば、歯ごたえのあるタイやヒラメなどの白身は10g以下、身の柔らかいマグロやサーモンは12〜14gとするなど。握り寿司がつくられ始めた江戸時代には、現代の2倍近いサイズで、45gほどあったといわれています。

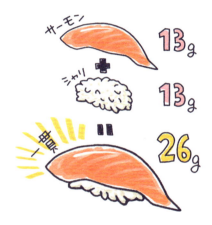

おもちゃ

©LAY UP

OH!寿司ゲーム

プラスチックでできた握り寿司48個が1セットのおもちゃ。ネタはマグロ、イカ、サーモン、アジなど8種類あり、バランスゲームのように寿司を積み上げたタワーから寿司を抜いて上にのせるなど、遊び方は10通りあります。

カプセルトイ

寿司型のカプセルトイ、「へいお待ちっ!にぎって寿司職人」は握り寿司づくりができるおもちゃで、樹脂でできたツブツブの粘土のシャリをちぎってシャリ玉をつくり、ネタと合わせて握ると握り寿司ができます。一方、「寿司ポーチ」は回転寿司の寿司の絵柄のポーチです(2018年発売)。

©エール

©エポック社

©T-ARTS

超ニギニギ おうちで回転寿し
家庭の卓上で回転寿司ができるおもちゃです。付属のレールを組んで、レールの上を寿司をのせた皿を引いた船が走ります。皿にのせる寿司も工夫できますし、遊び手にはその潜在能力を引き出してもらいたい一品です。
※メーカーの生産は終了しています。

とびだせ！おすし
家庭用の寿司づくりの道具。型枠にご飯を入れ、上から少し押し、ネタをのせて押し型にのせ、ポンと押すと10貫の寿司が寿司下駄にのった状態になります。ファミリー層に人気です。

ねてますし
ゲームアプリ。「ねてますし」は食べてもらえずに成仏できなかった不完全で可哀想な寿司たち。ねてますしは食べてもらいたいので、ゲームではねてますしを育て、寿司として完成させます。寿司になると妖怪たちが食べてくれるので、寿司たちが成仏できるという設定です。

©株式会社 曙産業

©PlatinumEgg Inc., HARAPECORPORATION Inc.

おやかた　……　おんど

親方
おやかた

寿司屋の店主である職人を「親方」といいます。店のオーナーでもある場合は「ご主人」と呼ばれることもあります。お弟子さんがいるような店では通常「親方」であり、「大将」は適切ではないとされますが、気にしない職人さんもいます。

卸売業者
おろしうりぎょうしゃ

商品流通の過程で、製造・収穫（生鮮食品）と小売の間で販売活動を行う業種です。生鮮食品以外を取り扱う業者は問屋ともいいます。仕入れた商品を小売業者が販売できる単位に小分けして販売することで利益を得ます。魚介類の流通においては、漁業生産地の出荷者から買いつけ、もしくは委託により集めた水産品を、小分けにして仲卸業者（p.152）に販売します。

おろし金
がね

ワサビやダイコン、ショウガ、柑橘の皮をすりおろす道具。ステンレス、アルミ、陶器などでつくられます。

おやつ

握り寿司は、今では昼か夜の食事として位置付けられていますが、昔は「三食の外」と考える人もいました。ちょっとお腹がすいたときにおにぎりを食べたり、お茶受けとして食べるような感覚です。おぼろをふんだんに使っていたためか、華屋與兵衛(p.162)の寿司は菓子のように甘かったと伝える資料もあり、おやつ感覚で食べていた人もいたようです。

温度
おんど

温かさや冷たさの度合を示す数値。握り寿司はシャリとネタから構成されますが、温度に気をつけている寿司屋では、シャリは口に入れたときに熱くも冷たくもない温度にし、ネタはネタの種類によって職人が適切と考える温度となるように提供されます。脂の多い魚は魚の脂が手の上で溶けず、口の中で溶けるよう特に気を遣います。

買出人
かいだしにん

市場に買出しに行く人のことを買出人といいます。規模によりさまざまですが、寿司屋の場合は自ら市場に出向いて魚を選ぶ職人もいます。

回転寿司
かいてんずし

世界で最初の回転寿司店は、1958年4月に東大阪市に「廻る元禄寿司1号店」としてオープンしました。その後、1970年に大阪で開催された日本万国博覧会に元禄寿司が出店し、食事優秀店に表彰され、全国的に知られるようになりました。1962年に取得された「コンベア旋回式食事台」の実用新案が、1978年に権利の期間満了を迎えたことによって、現在の大手となるチェーンが参入を開始し、現在では世界各地に同様のシステムを採用した寿司店があります。

Eレーン

アルファベットのEの形をした、回転寿司のベルトコンベアのこと。回転寿司「無添くら寿司」で開発されました。調理場と客席が壁で隔てられて、調理場が見えないようになっており、客席にボックスシートが配置しやすい形です。

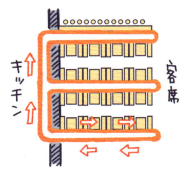

Oレーン

アルファベットのOの形をした、回転寿司のベルトコンベアのこと。回転寿司が最初にできたころはすべてこの形のレーンでした。レーンの内側に職人が立ち、客と向かい合って接客する、カウンターの寿司屋に近い形式で食事ができます。

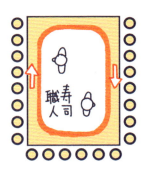

自動皿洗浄機

回転寿司で大量に出る使用済みの皿を自動で洗浄する装置。左側に積み上げられた皿が、機械の中を1枚ずつ横にスライドしながら洗浄、乾燥と進み、右側に積み上がっていくしくみです。この他、自動洗浄機に皿を受け渡しできるつけ置き用のシンクと、洗浄済みの皿を色ごとに仕分けする機械があり、組み合わせると一連の流れを自動化できます。

鮮度管理システム

回転寿司で、レーン上を一定時間経過した皿を自動的に廃棄することにより、提供する寿司の鮮度を一定に保つことができます。1997年に無添くら寿司が皿の裏にQRコードを組み込み、センサーの前を一定回数通過した時点で廃棄するシステムを開発し、さらに1999年にはICチップによる管理にアップグレードしました。多くの回転寿司で類似のシステムを採用しており、いずれも通常30〜40分、350mなど一定の基準で寿司が自動的に廃棄されます。一方で、現在ではあらかじめレーンに寿司を流さず、オーダーされた寿司だけを流すことにより、このシステムを必要としないタイプの回転寿司も存在します。

鮮度くん

寿司の鮮度を保ち、雑菌やホコリなどの接触を防ぐため、皿にかぶせられるドーム状の透明の蓋。回転寿司「無添くら寿司」で使われています。皿と鮮度くんとの境目に指を入れる隙間があり、そこから皿をつかむと蓋が上に開き、皿だけを取ることが可能です。日本では2011年より導入され、無添くら寿司のアメリカ店であるKura Sushiでもミスターフレッシュの名称で使われています。日本でも昔は蓋が使われていましたが、寿司の見た目を損なう、蓋自体が不衛生などの理由で、鮮度くんの導入以前、近年は見かけなくなっていました。海外の回転寿司では蓋をかぶせる事が営業の条件となる事も多く、蓋の使用は一般的です。

特急レーン

別名オーダーレーンともいいます。注文に応じてつくられた寿司を、注文したお客の目の前まで届けるためのレーンで、回転しているレーンとは別に、目の高さに設置されています。通常の速度が秒速4cmなのに対し、特急レーンは最速で秒速1mで動くトレーに、2皿もしくは4皿がのるようにデザインされています。プレートは寿司下駄を模したものと、子どもが喜ぶ新幹線や特急列車を模したものがあります。回転レーンをやめて2〜3段の特急レーンだけにし、お客の回転を速めた店もあります。

ベルトコンベア

回転寿司のベルトコンベアはビール工場をヒントに開発されました。一般的な回転寿司におけるベルトコンベアは時計回りで、速度は秒速4cmです。このスピードが、お客が寿司を確認し、皿を手に取るという一連の作業に最も適しているといわれています。店舗設置型だけでなく、出張・レンタル用の小型のものもつくられています。日本では回転寿司のみで見られるシステムですが、海外ではベルトコンベアで食べ物が回るということ自体がウケて、パリの回転フレンチなど、寿司以外の食べ物を回すレストランもつくられています。

右回り

回転寿司のレーンは右回りが多いです。多くの人が右手で箸を持っているため、箸を持ったまま左手で皿を取るのに都合がよく、判断時間を長く取れること、また多くの人は右目がきき目であることから、右回りが合理的であるとされています。ただし、店舗のレイアウトによっては左回りが都合がいいこともあり、実際には左右両方の回り方が存在します。

ロボット

寿司をつくるためのロボットは、1981年に鈴茂器工株式会社によって世界で初めてつくられました。シャリ玉をつくるロボットをはじめ、現在では海苔巻きロボット、裏巻きロボット、海苔巻きカッターなど、さまざまなロボットが寿司業界を支えています。

解凍

冷凍されることの多い寿司ネタは、マグロ、サーモン、ハマチなどの大型の魚ですが、もし水っぽかったり、パサパサしてまずいネタに出会ったら、ほとんどの場合それは魚のせいではなく、提供されるまでの魚の状態、特に解凍の技術に問題があったと考えられます。冷凍の過程と違い、機械で自動的に行われない解凍は、人の技術の影響を大きく受けます。

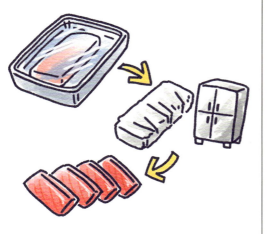

【マグロの冊の解凍方法】

40℃で、塩分濃度3％（海水と同じ）のぬるま湯に凍ったマグロを1～2分浸し、流水で表面をさっとすすぎます。次に、キッチンペーパーで水気を拭き取ったら別のキッチンペーパーでマグロを包み、バットにのせてバットにラップをかけ、そのまま冷蔵庫で解凍します。冊のサイズによっては、解凍時間が数時間かかるので、余裕をもって解凍することが重要です。解凍してもすぐに食べず、半日から1日ほど寝かせて熟成させた方がおいしくなります。ぬるま湯を使わずに冷たい塩水を使い、ジッパー付きのビニール袋に入れて空気を抜き、氷水に浸して2時間ほどしてから冷蔵庫に入れると、よりおいしく食べられます。

貝ヒモ

通常、貝ヒモというとアカガイのヒモを指します。殻から外した後、塩でこすってぬめりを落とし、水気を拭き取って仕込みます。ホッキ貝や平貝など、アカガイ以外の貝のヒモも同様に使うことができます。ヒモだけで握りにしたり、海苔づけの握りにしたり、軍艦巻きにしたり、キュウリと一緒にひもきゅう巻き（p.166）にしたりします。寿司にしない場合は、刺身、酒蒸し、バター焼き、串焼き、トロロ和えなど、一瞬ですばらしいおつまみになります。

貝むき

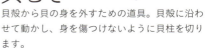

貝殻から貝の身を外すための道具。貝殻に沿わせて動かし、身を傷つけないように貝柱を切ります。

牡蠣

- 和　マガキ
- 別　エゾガキ、ナガガキ
- 英　Pacific oyster
- 旬　12～3月

冬の間はマガキが、夏はイワガキが旬。カキの握りは水分が多いため、早く食べないと寿司が崩れてしまいます。弱火で火を入れて、調味料を足したゆで汁でヅケにしてから握ると、水分と旨味をうまくカキの中に閉じ込めることができます。

柿の葉寿司

石川県、奈良県、和歌山県に伝わる郷土料理。石川県では広げた柿の葉の上に寿司飯と酢じめの魚をのせ、柿の葉をかぶせて一晩寝かせてつくります。一方、奈良、和歌山では握った寿司飯に魚をのせ、柿の葉で包んでから重石をして一晩寝かせてつくります。柿の葉にはポリフェノールの一種であるタンニンが豊富に含まれ、タンニンの殺菌・抗酸化作用が保存に適している他、タンパク質凝固作用が魚をしめるのに一役買っています。昔はなれずしの一種としてつくられていたため魚の塩がきつかったのですが、現代では塩を減らし、早めに食べるように変化しています。

隠し包丁

イカやアワビなどの身の硬いネタに対し、噛み切りやすくすることを主目的に入れる包丁を隠し包丁といいます。隠し包丁を入れた後、炙ったり、湯引きをしたりすることによって、寿司を美しくする事もあるため、飾り包丁を兼ねる場合もあります。

飾り包丁

握り寿司を美しく見せ、また煮切りやツメ（p.145）などの味を絡みやすくするため、ネタに入れる包丁を飾り包丁といいます。飾り包丁の入れ方により、同じ種類の魚でもまったく違う寿司になり、目を楽しませてくれます。

飾り巻き

ピンクにはおぼろ、オレンジや緑はトビッコ、紫はゆかりといったように、太巻きの中にさまざまな具材で色を入れ、季節の花や動物などのモチーフを描いた寿司。節分の鬼、雛人形、鯉のぼりなどの日本古来の伝統行事から、アンパンマン、ドラえもん、ミニオンなどのキャラクター、ハロウィンのかぼちゃ、クリスマスのサンタクロースなど、多様な柄が楽しまれています。もはや食べ物の領域にはおさまらない、アートともいえる作品をつくる人もいます。

春子鯛

マダイ、チダイ、キダイの幼魚を、春子鯛と書いてカスゴダイと読みます。中でもチダイは身の赤みが強く、美しい握りをつくることができます。身が柔らかく水気が多いため、通常酢じめか昆布じめにして、半身で2貫を握ります。鱗も骨も硬く、魚体が小さいので、数を仕込むにはたいへん手間がかかりますが、江戸前寿司

の典型的な光り物のネタです。しめ方や、皮の仕末（皮ごと握るため）、何を薬味に添えるのかなど、職人の腕の見せどころです。江戸前の典型では、酢でしめて、シャリとの間におぼろ(p.63)を挟みます。

片想い（かたおもい）

アワビを符牒(p.168)で片想いといいます。アワビは巻貝の一種で、平らに成長しているだけなのですが、一見、二枚貝の貝殻が一枚無いように見えるため、片側が無い様子を、シャレて片想いと呼びます。

鰹（かつお）

- 和 カツオ
- 別 スジガツオ、マガツオ
- 英 Bonito
- 旬 4～6月、9～11月

春に大平洋を北上してくるカツオを初鰹（はつがつお）、秋に南下していく脂ののったカツオを戻り鰹といい、旬は2回、それぞれ異なる魅力があります。江戸っ子は初物が大好きで、「女房を質に入れても初鰹」という川柳があるくらい、初鰹は高値にもかかわらずこぞって食べられたそうです。初鰹は透き通るような旨味があり、焼き霜(p.192)にして塩と柑橘（かんきつ）が合います。同じく川柳で「すりこぎとわさびおろしで初鰹」というのがありますが、ワサビで頂くのもおいしいです。戻り鰹は脂がのっているので、腹身はトロのようだといわれます。そのまま握ってもいいですし、ヅケもカツオの旨味が生きます。カツオは通常太平洋を泳いでいますが、日本海側に迷い込むことがあり、秋ごろに対馬（つしま）や氷見（ひみ）などで、ブリなどに混ざって水揚げされることが

あり、「迷いガツオ」と呼ばれます。脂がのっているのに、冷たい海で身がしまっていて、出会えたらラッキーなネタです。

鰹節（かつおぶし）

削りたての香ばしい鰹節をフワっとたっぷりのせて軽く巻いた手巻きは、シンプルでカツオの旨味とシャリの味をじっくり味わうことができます。また、相手を選ばない鰹節はかっぱ巻きや納豆巻きの芯に加えて変化をつけたり、ベジ寿司(p.172)のトッピングとして、ナス、菜の花、カイワレなどと併せて握ってもおいしいです。「おいしそう」と思ったあなたは、ぜひ次回の手巻き寿司でカイワレと鰹節をご用意ください。海苔の代わりに、鰹節でできたシートで海苔巻きをつくるのもオススメです。その他、寿司屋では、だしはもちろん、煮切り(p.155)や煎り酒(p.50)の風味付け、合わせ酢の隠し味などに加えられます。

かっぱ

寿司屋の符牒(p.168)の1つで、キュウリを指します。キュウリがかっぱの好物であるというお話に由来しているとも、キュウリを輪切りにした切り口がかっぱの皿に似ているから、ともいわれています。

かっぱ巻き

半切りの海苔でキュウリを巻いた細巻き。オーソドックスなのは、1本のキュウリを縦に6等分にしたものを巻きますが、千切りにしたキュウリを使用したり、白ゴマやシソを一緒に巻いたりすると、変化をつけられます。シャリよりも千切りにしたキュウリの割合が多いかっぱ巻きを出す店もあり、これはちょっと他の寿司とは異なる歯ごたえで新鮮です。通常、1本のかっぱ巻きは6等分に切って提供されます。かっぱ巻きの元祖は、大阪・曾根崎の甚五郎だといわれています。

金串

金属でできた串で、寿司屋では魚串とも呼ばれる、断面が丸く30cmくらいの長いものを使います。カツオなど、皮の旨味が多いけれど、そのままでは生食しにくい魚を焼き霜(p.192)にする際、魚に金串を刺して身を真っすぐにし、均一に焼けるようにします。また、魚の皮が破れることを防ぐ目的で、あらかじめ皮目にこの串を使って穴を開けます。クルマエビなどのエビを加熱する際には、エビが曲がるのを防ぐため、頭から尾まで貫通させるように金串を打ちます。この打ち方を伸し串といいます。

蟹

頭矮蟹（ずわいがに）

- 和 ズワイガニ
- 別 オス：エチゼンガニ、マツバガニ、ヨシガニ、タイザガニ
  メス：メガニ、オヤガニ、コッペガニ、コウバコガニ、セコガニ、セイコガニ、クロコガニ
- 英 Snow crab
- 旬 11〜1月(雌)、11〜3月(雄)

ズワイガニはオスとメスでサイズが違うのと、地域で一定の規格以上のものにブランド名をつけているため、同じズワイガニでも名前が違います。オスの場合には大きめのサイズを生かして脚を使った華やかな握り、メスは味噌と内子・外子を使った濃厚な握りができ、味わいはまったく別物。生の脚を握る場合は、湯霜や洗いにして身をしめます。プリップリの歯ごたえと旨味は記憶に残る経験になります。塩ゆでにした脚やそのほぐし身を握ったりもします。メスの場合はシンプルに脚をのせて握り、味噌や卵をてっぺんにのせてもいいですが、脚をきれいに出すのはけっこうたいへんです。ほぐし身に味噌や卵を和えてから握ることもありますし、味噌と卵をシャリに和えて、脚をのせて握ることも。

鱈場蟹（たらばがに）

- 和 タラバガニ
- 別 アンコ(小さいもの)、クラッカ(非常に小さいもの)
- 英 Red king crab

甲羅が20cm台、足まで入れると1mにもなる大型のカニ。味が濃く、通常ゆでたものを握りにします。生きているものをさっとゆでたものがたいへんおいしいですが、店ではコストやお客の

カニの穴

おいしく炊き上がったご飯の表面にはポツポツと穴があきますが、砂浜でカニが海水を出している穴がこれに似ていることから、カニの穴と呼ばれます。この穴は炊飯時にお米一粒一粒が立って、お湯が対流し、蒸気が釜の底から上に向かって抜けることによってできます。「旨い寿司屋はシャリがおいしい」といわれていますので、炊き上がりのご飯にはカニ穴があいていることでしょう。

鹿の子

鹿の子どもの背中にあるまだら模様に似たものを鹿の子といいますが、寿司屋ではネタの飾り包丁を鹿の子に入れます。イカやアジによく使われる技術です。深く鹿の子に飾り包丁を入れれば、厚めに切りつけたアジも歯ごたえを保ちつつ、食べやすい握りになります。

かぶら寿司

旧加賀藩の地域である石川県や富山県に伝わる郷土料理です。カブに切り込みを入れて、ブリやニンジンなどを挟んで発酵させた飯寿司（p.49）で、正月料理として現代でも食べられています。寿司といいつつ、野菜の割合が高いため、漬物の感覚に近い食べ物です。地域によっては、ブリの代わりにサバやサケ、身欠きニシンを、カブの代わりにダイコンを使うこともあります。いずれの場合もそれぞれ別々に塩漬けにし、カブに魚と野菜を挟み、米麹を加えて数日寝かせてつくります。

鱊（かます）

- 和 アカカマス
- 英 Barracudas
- 旬 9〜12月

水気が多いため、塩、もしくは塩と酢で軽くしめてから握ります。皮目の脂が魅力の魚なので、皮を外さずに炙ります。握りにしてから炙ると身が反り返ってしまうため、3枚におろしてしめた状態で、炙ってからネタを切りつけます。特に秋から冬の脂がのったものを霜降りカマスといいます。煮切りもいいですし、塩と柑橘も合います。

回転などから生で寿司ネタにできる環境は限られています。国内で流通しているものは95%が輸入もの、日本では北海道で獲れます。脱皮の時期が2〜3月もしくは12〜1月で、脱皮直後は身の入りが悪く、脱皮から時間が経って身が締まったものが食べごろのため、この時期に獲れた脱皮直前のものを見極めて食べます。3月中は流氷で漁ができず、産卵が4〜6月で禁漁になる地域もあります。日本人は冬になるとカニを食べたくなるため、冬にカニの価格が上がりますので、夏から秋の終わりであればリーズナブルに、かつ安定しておいしいタラバガニにありつけます。

上方寿司
かみがたずし

大阪寿司と同義。江戸時代には、天皇が住む京都を中心とした近畿地方を上方と呼びました。江戸で生まれた握り寿司を江戸前寿司というのに対し、上方でつくられていた箱寿司を上方寿司と呼びます。

唐子
からこ

中国風の服装や髪型をした子どもを唐子といいますが、伸し串（金串p.74）をせずに加熱したエビを、頭から尾に向かって開いてから握った様子が、この唐子の髪型に似ていることから、唐子づけといいます。黄身酢でしめて、黄身酢おぼろ（p.83）をのせて握ったり、少し強めの酢じめにし、甘いおぼろをのせたりします。いずれも伝統的な江戸前の仕事です。

ガリ

日常的に使用されており、もはや符牒（p.168）とは思えませんが、ガリという言葉はショウガを指す寿司屋の符牒です。食べたときのガリガリという音、もしくは皮をむくときの音から、ガリと呼ばれたと考えられています。通常寿司屋ではガリの代金は発生しませんが、国産の新ショウガを買って甘酢に漬けてつくると、実はけっこうコストがかかります。業務用のパックで販売されている甘酢ショウガを使う店もあります。甘酢の味は店によって異なりますが、寿司の味の邪魔をしないように、砂糖を控えめにする店もあります。ショウガを塊のまま甘酢につけている店では、握りを出す直前に塊のショウガから1人分のガリをスライスして出してくれたりします。ショウガの辛味成分であるジンゲロール、ジンゲロン、ショウガオールは、殺菌作用や胃を活性化する作用を持つため、魚を生食する際にショウガを薬味として用いることは理に適っているといえます。

カリフォルニアロール

裏巻きでカニカマ、キュウリ、アボカド、ゴマ、マヨネーズを巻いて、外側にトビッコをまとった海苔巻き。オリジナルはロサンゼルスにあったレストラン「東京会館」でつくられていたものとも、カナダのバンクーバーにある「Tojo's」でつくられたTojo rollともいわれていますが、現在ではいろいろなアレンジが加えられ、世界各国で食べられています。カリフォルニアロールからドラゴンロール（p.150）やスパイダーロール（p.126）など、各種のロール寿司が派生しており、近年日本にもさまざまなロール寿司を集めたレストランができています。

鰈（かれい）

石鰈（いしがれい）
- 和 イシガレイ
- 別 イシモチ
- 英 Stone flounder
- 旬 7〜10月

マコガレイと並ぶ夏の鰈ですが、マコガレイよりも安価。体表に鱗がない代わりに、色のついた側に鱗の変形した石が付いているので外してから調理します。また皮についた臭みが強いので、最初に塩でぬめりをしっかり落とす必要があります。

星鰈（ほしがれい）
- 和 ホシガレイ
- 別 ヤマブシ、モンガレ
- 英 Spotted halibut
- 旬 9〜2月

冬のカレイ。鰭と白い側の体表に黒い斑があるので、ホシガレイといいます。超美味、かつ超高級魚なので、仲卸の店頭には並ばず、買取り先が決まってしまうため、魚河岸でもそう簡単には手に入りません。

真子鰈（まこがれい）
- 和 マコガレイ
- 別 アマテ、クチボソ、シロシタガレイ、マコ
- 英 Marbled sole
- 旬 6〜10月

寿司ネタとしては夏のカレイ。冬に卵を持つので煮付けにするのであれば冬場も◎。

冬のヒラメが終わると夏のマコガレイが入れ替わりで使えるようになります。魚河岸では300gほどの小さいものから出回りますが、寿司用としては1kgほどのものを使います。日によっては手が出ないくらい高いので、夏場でよいものが見つかれば絶対に買いでしょう。旨味も甘みも強くて、香りもよいです。塩と柑橘、煮切り、ポン酢、昆布じめなどで食べ比べるのもオススメです。

松皮鰈（まつかわがれい）
- 和 マツカワ
- 別 タカノハ、ヤマブシガレイ、ムギガレイ
- 英 Barfin flounder
- 旬 10〜1月

ホシガレイと並ぶ冬の高級カレイ。鱗が固くザラザラしている様子が松の木の幹のようなので松皮鰈と呼ばれます。ヒレのトラのような縞模様が特徴的で、別名のタカノハもこの見た目に由来します。縞模様の付き方で天然と養殖を見分けることができますが、流通しているものはほとんど卵を採って孵化させ、稚魚を放流したものか、もしくは養殖です。1970年代に天然物が激減し、放流の技術が確立されました。旨みが強く、プリップリの肉厚の身で、食べ応えのある白身です。肝もおいしいので握りの上にのせたり、肝和えにして食べます。

イシガレイ

ホシガレイ

マコガレイ

マツカワガレイ

ガレージ

寿司屋の符牒(p.168)でシャコのこと。シャコ→車庫→ガレージです。

皮岸(かわぎし)

マグロの皮と身の間の脂をスプーンなどでこそげ落としたもの。脂はすぐに酸化してしまうため、新鮮なマグロでないと食べられません。握りは軍艦巻きでつくります。

関連語 ねぎ取る(p.156)

皮霜(かわしも)

皮やその付近の身がおいしいものの、生では皮が固かったり、臭みがあったりする魚を生食する場合に、皮の付近だけ火を通すことにより食べやすくする技術を皮霜といいます。皮側だけにお湯をかける方法と、皮を直火で炙る方法があり、前者を湯霜もしくは湯引き(p.193)、後者を焼き霜(p.192)といいます。また、皮霜にした魚の刺身を「皮霜造り」、もしくは火を入れたタイなどの皮の見た目から、「松皮造り」といいます。寿司ネタではタイ、サワラ、キンメ、カツオ、ノドグロなどが皮霜造りにされます。

鮍(かわはぎ)

- 和 カワハギ
- 別 ハゲ、ハギ、ウシヅラ、カワムキ
- 英 Thread-sail filefish
- 旬 7〜12月

ちょっとブサイクな顔で鱗もなく、初めて見たら「おいしくなさそう」と思ってしまうルックスですが、一度そのおいしさを知ってしまうと見る目が変わります。泳ぎ方もプリプリしていて愛嬌があります。外側にある皮は手で簡単にはぐことができ、名前の由来となっています。内側の皮は包丁を使って引きます。中骨が骨抜きで抜けず、身を縦に切るため、歩留まり(p.168)が悪いのが唯一の難点。肝がすこぶるおいしい魚で、握りは切った肝をのせたり、刺身の肝和えや、肝と醤油でおつまみにしたりします。肝が大きくなる秋〜冬が旬です。

皮引き(かわひき)

魚から皮を取る作業を皮引きといいます。多くの魚は手で引っ張って皮をむくことができます。包丁を使った皮引きには、内引き、外引きがあります。いずれも尾の方から、皮と魚の身の間、

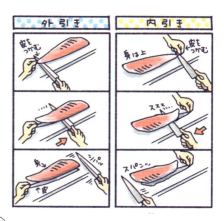

「銀」と呼ばれる銀色の薄皮よりも外側に柳刃包丁の刃を入れます。右ききの場合、内引きは尾が右側に来るように魚を置き、包丁をまな板に密着させて自分の体の方に引きつけます、外引きは尾を左側にして魚を置き、同様に包丁をまな板に押し付けながら向こう側に刃を押し出します。「銀」をうまく身に残して皮引きができると、寿司にしたときにより美しく仕上げることができます。

皮ポン酢

フグ皮ポン酢は寿司屋でよく出るおつまみの1つ。フグでなくてもタイなどの白身魚から引いた皮は、皮霜の要領で火を入れ、千切りにしてポン酢と紅葉おろしでいただくと、魚を余すことなく食べられます。

貫

握り寿司を数えるときの単位。また、明治まで使われていた尺貫法という、日本古来の測定法における質量の単位でもあり、貫は一文銭を1000枚の重さで、1貫=3.75kg。現代では寿司を数える単位として貫を使用するのは一般的ですが、実は、いつから貫という単位が使われるようになったのか不明で、またなぜ貫という単位が使われるかについても、諸説あるものの結論が出ていないというのが現状です。以下その概要を説明しましょう。まず、貫という単位が使われるようになった時期ですが、貫の記述が確認されている最も古い書物は、1970(昭和45)年の『すしの本 増補版』であるといわれています。「今のすしは飯が少なすぎる。だから口ン中が生臭くなってしまう。昔は『五貫のチャンチキ』といって、握り五つと巻二つで(チャンチキとは馬鹿囃の太鼓の撥が二本だから)十分腹がはるはずだった」という記述です。これは「吉野鮨本店」三代目 吉野昇雄氏が話すのを篠田統氏(p.108)が聞き取って記述しています。昔は握り5つと巻き物2つでお腹がいっぱいになったということなので、寿司がもっと大きかった時代、すなわち1945年からのGHQ(p.105)統制の前に貫を使用していたことが示唆されます。ただし、吉野氏は1971(昭和46)年の別の書籍中で、「カン」に「貫」の字を当てるべきであろうかとの問いかけもしており、「貫」の字が一般的に使われていなかった可能性が読み取れます。上述の1970年の『すしの本 増補版』より古い書物では、いずれも「1つ」、「1個」と表記されています。「カン」の数え方が最初に、漢字はしばらく後で、それぞれ別のタイミングで使われ始めたのかもしれません。なお、ウェブサイト「みんなの知識 ちょっと便利帳」による調査では、辞書に初めて「貫」の項目ができたのは三省堂国語辞典 第五版 2001(平成13)年でした。漢字が当て字であった場合、「貫」の字のもつ意味を結びつける意味はないのかもしれません。「貫」の由来については金額や重さであった可能性が考えられています。

金額説：江戸前寿司が販売されるようになった時代の寿司1個の値段が貨幣1貫分であったという説があります。しかし1貫は一文銭1000枚に該当し、江戸時代の文献の寿司1個の値段はもっと安く、説明がつきません。また、一文銭100枚を紐で束ねたものを「百文差」とか「一縒」、「一結」と呼び、これが寿司1個の値段という説もあります。また、明治・大正時代には10銭を1貫とした場合もあったそうで、これが寿司1個の値段と同じという説もあります。百文差や10銭であれば、実際の寿司の値段としてあり得る値に思われますが、確たる証拠は認められません。

重さ説：江戸時代の寿司の重さが質量としての1貫分であった、もしくは百文差の重さであったからというもの。1貫は3.75kgであり、寿司

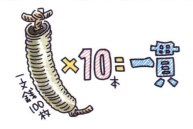

1つにしても1人前にしても重すぎます。百文差についても、ひもを入れて400gとして、寿司1個の重さにはまだ重すぎるため、説明がつきません。

箱寿司を切った単位説：江戸時代の文献『守貞謾稿』の挿絵に、箱寿司を十二軒に切ったと書かれているものがあり、ケンがなまってカンになったという説です。しかし、十二軒と書かれた箇所が不鮮明で、実は「十二斬」と書かれているため、この説は誤りと考えられています。その他、貫の漢字の成り立ちに由来する説なども存在します。

カンカン寿司

香川県さぬき市に伝わる郷土料理。酢じめにしたサワラを寿司飯の上にのせた押し寿司です。独特の木型を使って重石をするために、木槌でくさびを打つときのカンカンという音が名前の由来とされています。畑で働く人に投げ渡して食べられるように固くつくられているとされ、別名で「ほったらずし」ともいいます。

関東大震災

1923（大正12）年9月1日11時58分32秒ごろに起こった、相模湾北西部を震源とするマグニチュード7.9の大地震。当時の東京は木造住宅が多く、地震による火災で町は壊滅的な状態になりました。江戸前寿司の職人たちも家を失い、各々の故郷に帰って寿司屋を開業したものが多かったため、震災は、それまでほとんど東京で食べられていた江戸前寿司が全国各地へ広がるきっかけの1つになりました。

間八

- 和 カンパチ
- 別 アカハナ、カンバ
- 英 Greater amberjack
- 旬 9〜10月

出世魚（p.111）である上に、地域によっても呼び名が異なるため、さまざまな名前で呼ばれます。カンパチは間八や勘八とも書きますが、名前の由来はおでこにある褐色の八の字です。ブリの仲間で、ブリやヒラマサとともに「ブリ御三家」といわれます。アジ科ではヒラマサの次に大きく、成魚は体長1mにもなります。寿司にするのは「汐っ子」と呼ばれる、体長30〜40cmくらいまでのものです。新鮮な天然物をさばいてから数日寝かせたものは、旨味たっぷりで、あっさりした脂を持ちます。養殖の場合は一年を通して味に大きな変化はありません。

干瓢

寿司屋では甘辛く煮付け、かんぴょう巻きやちらし寿司の具、茶巾寿司（p.142）を縛るのに使われます。仕込みの際には、かんぴょう巻きを素早くつくるために海苔の長さに合わせて切り揃えます。

関連語 木津（p.81）

干瓢巻き（かんぴょうまき）

半切りの海苔でかんぴょうを巻いてつくった細巻きの海苔巻き。江戸前寿司では海苔巻きといえばかんぴょう巻きのことを指します。他の細巻きは正方形に仕上げますが、かんぴょう巻きと納豆巻きは下側の2つの角だけ尖らせ、上側はドーム状に仕上げます。また、鉄火巻きとかっぱ巻きは6つ切りにして、断面が上向きになるように盛りますが、かんぴょう巻きは4つ切りにして、煮汁が染み出ないよう、断面を横にして盛ります。

関連語 鉄火巻き（p.147）、海苔巻き（p.158）

黄鯵（きあじ）

分類上はマアジと同種ですが、アジのなかで回遊せずに、生まれた海域に留まるものがいて、それを黄アジあるいは根つきアジ、金アジなどと呼びます。回遊するアジが黒っぽいのに対して黄アジは黄色っぽい色をしています。漁獲量が少なく一本釣りで獲るので身が傷みにくく、高級です。黄アジは身がしっかりしていて脂がのっており、はっきりとワンランク上の味わいといえるでしょう。

菊寿司（きくずし）

食用菊の産地である青森県の八戸、三戸地方の郷土料理。酢を1～2滴入れた湯で、ヘタを付けたままの菊の花をサッとゆで、甘酢に10分ほど浸します。これを握り寿司の要領で、ワサビを挟んで寿司飯と握ってつくります。

鱚（きす）

- 和 シロギス
- 別 キスゴ、シラギス、アカギス
- 英 Sillago
- 旬 6～8月

小さい魚で鱗がビッシリ付いており、仕込みはやや面倒ですが、江戸前寿司の典型的なネタです。通常、片身で1貫を、昆布じめか酢じめにして握ります。昆布じめの場合は上に小さく切った昆布をのせたり、煎り酒をたらしたりしていただきます。

木津（きづ）

寿司屋の符牒（p.168）で、かんぴょうのことを木津といいます。由来は諸説ありますが、一説には、かんぴょうの名高い産地が、京都南部の地域・木津であるからとされています。

寿司屋の符牒 産地シリーズ

- 木津 → かんぴょう
- 行徳 → しお
- 谷中 → しょうが
- ヤマ → ササ
- 草（漢） → のり

記念日

いなりの日
毎月17日はいなりの日。いなりの「い（1）な（7）」と読む語呂合わせから毎月17日とされ、いなり寿司の材料を製造販売し、長野県長野市に本社を置く株式会社みすずコーポレーションにより制定されました。いなり寿司を食べる機会を増やすきっかけをつくることが目的です。

大阪寿司の日
9月15日は大阪寿司の日。生ものを使用しない大阪寿司はお年寄りにも安全な食べ物であるため、「敬老の日」であった9月15日にちなんで大阪寿司の材料を扱う関西厚焼工業組合により制定されました。

回転寿司の日
11月22日は回転寿司の日。元禄寿司の創業者で、回転寿司というシステムをつくった寿司職人、白石義明氏の誕生日1913年11月22日にちなんで元禄産業株式会社が制定しました。

鯖寿司の日
3月8日は鯖寿司の日。「さ（3）ば（8）」（鯖）と読む語呂合わせから、滋賀県長浜市の創業100年を数える老舗の寿司店・料亭「すし慶」が制定しました。

寿司の日
11月1日は「寿司の日」。11月は新米の季節であり、また、ネタになる海や山の幸がおいしい時期であることから、全国すし商生活衛生同業組合連合会が制定しました。

ちらし寿司の日
6月27日はちらし寿司の日。ちらし寿司誕生のきっかけをつくったとされる備前藩主の池田光政公の命日にちなみ、ちらし寿司などの調理用食材の製造販売メーカーであり、広島県広島市に本社を置く株式会社あじかんにより制定されました。

手巻き寿司の日
9月9日は手巻き寿司の日。手巻き寿司をつくる「くるくる」の動作の語呂合わせから、水産加工品などの製造を行う石川県七尾市の株式会社スギヨにより制定されました。家族で手巻き寿司を食べるアットホームな日になってほしいとの願いが込められています。

魚の日
10月10日は魚（トト）の日。衰退する魚食文化を守ろうと全国水産物卸組合連合会によって制定されました。

トロの日
毎月16日はトロの日。16を「トロ」と読む語呂合わせから、回転寿司の「かっぱ寿司」を運営する、かっぱ・クリエイト株式会社が制定しました。

海苔の日
2月6日は海苔の日。海苔は昔、租税として朝廷に納められていたことが大宝律令から読み取れますが、全国海苔貝類漁業協同組合連合会によって大宝律令の施行にちなんで制定されました。施行は大宝2年1月1日であり、西暦にすると702年2月6日にあたります。

まぐろの日
10月10日はまぐろの日。奈良時代の歌人山部赤人は、726（神亀3）年の10月10日に兵庫県明石地方を訪れた際に、聖武天皇を讃えてまぐろ漁をする人々を歌に詠みました。これにちなみ、日本かつお・まぐろ漁業協同組合の前身団体により制定されました。

やすみしし 我が大君の 神ながら 高知らせる 印南野の 邑美の原の 荒たへの 藤井の浦に 鯖釣ると 海人舟騒き 塩焼くと 人ぞ多にある 浦を吉み うべも釣りはす 浜を吉み うべも塩焼く あり通ひ 見さくも著し 清き浜

きびなご寿司

高知県宿毛市に伝わる郷土料理。寿司飯の代わりにおからを使用します。おからは、ショウガと焼いてほぐしたサバを混ぜて炒めた後、豆乳、酢、砂糖、塩、酒、薄口醤油を入れて味をつけ、団子に。手開き(p.147)して酢じめにしたきびなごをのせ、手毬寿司(p.148)のように握ります。

黄身酢おぼろ

卵の黄身だけ、もしくは卵黄の比率を多めにして炒めたものを黄身おぼろといい、黄身おぼろに甘酢を加えたものを黄身酢おぼろといいます。黄身酢おぼろは寿司ネタを酢じめにするのに使います。甘酢を使用していることと、黄身からじんわりと酢が入ることから、通常の酢じめ(p.124)に比べてマイルドになります。春子鯛(p.72)や火を通したクルマエビ(p.57)を黄身酢でしめるのは典型的な江戸前の仕事です。

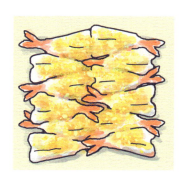

キャラ弁

キャラ弁とはキャラクターや乗り物などをかたどった弁当ですが、寿司のキャラ弁の場合、稲荷寿司に切ったチーズをのせたり、飾り巻き(p.72)にしたりして、「キャラクターの形をした寿司」にするパターンと、ご飯の上におかずをのせて海苔帯で留めるなどして、「寿司風に盛り付けたご飯」にするパターンに二分されます。後者は寿司飯を使っておらず、厳密には寿司とはいえないものの、ご飯とおかずを簡単に口に運べるという寿司の優れた特徴を生かした、合理的な弁当といえるでしょう。

久兵衛

言わずと知れた銀座の超有名高級寿司店。1935(昭和10)年に今田壽治氏(p.50)により創業。国内の著名人はもちろん、米国のクリントン元大統領、オバマ前大統領などの国賓級の海外要人も利用した店です。二代目今田洋輔氏、現在は三代目今田景久氏が店主で、海外支店はないものの、銀座に2店舗、都内有名ホテルに5店舗展開しています。高級寿司店にもかかわらず、会計が明瞭、一見さんお断りなどをしないことから、一般人にもチャレンジしやすい高級寿司店といわれています。久兵衛は高級寿司店としては珍しく、多くの職人を社員として抱えていることから、修業を積んだお弟子さんの寿司職人が日本各地で出店し、それぞれ人気店になっています。久兵衛で寿司を食べた後は、お弟子さんの店をめぐるツアーをしてみるのもいいかもしれません。

胡瓜(きゅうり)

寿司屋においてキュウリは必須の野菜であり、かっぱ巻きとして単独で海苔巻きにされる他、魚介類との相性がよいため、穴(あな)きゅう(p.42)、うなきゅう、イカきゅう、ひもきゅう(p.166)、アジ巻き(p.42)、コハダ巻き(p.93)などいろいろな海苔巻きに使われます。また、おつまみとして生のキュウリと塩、昆布じめ、オクラやモズクなどと和え物にしたり、飾り切りにして刺身のつまにしたりします。ちょっと変わった使い方としては、ピーラーで薄くスライスしたものを海苔の代わりにして軍艦巻きをつくったり、編み込みにしたもので巻き物をつくったりもします。

行徳(ぎょうとく)

寿司屋の符牒(p.168)で、塩のことを行徳といいます。古くから千葉県の行徳で塩がつくられていました。全国的には瀬戸内や北九州の方が生産量が多いものの、江戸城へは行徳でつくられた塩が納められており、江戸では塩といえば行徳でした。

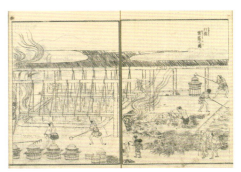

『江戸名所図絵』国立国会図書館蔵

ぎょく

寿司屋の符牒(p.168)で玉子焼きのことを、玉子の玉を音読みしてぎょくといいます。また、玉子焼きは「ケラ」とか「ケラ玉」(p.88)とも呼ばれます。

切りつけ・切つけ

寿司ネタとなる魚などを冊(ふっ)の状態から、寿司1貫(かん)用の切り身にするために切ることを「切りつけ」といい、切りつけは握り寿司の見た目と味を大きく左右します。寿司ネタを切りつける場合、常に皮目(皮がある方)を下にして切りつけます。また、魚には筋があり、多くの場合、筋を切るように切りつけますが、筋が離れそうな状態の魚は筋に沿って切りつけます。身の硬さや、切りつけた後、どのような飾り包丁を入れるかを計算し、厚みや角度を変えて包丁を動かします。切りつけでは包丁一引きで1切れを切り取り、決して包丁を前後に動かしません。一引きで切ることにより、握り寿司の表面の滑らかさと艶が生まれ、魚の切り口の角がキリッと立った状態になります。不思議なことに同じ魚を使っても、下手な切りつけと上手な切りつけでは寿司の味が変わります。

金色魚(きんきうお)

- 和 キチジ
- 別 キンメ、アカジ
- 英 Eroadbanded thornyhead、Kichiji rockfish
- 旬 11〜3月

標準和名はキチジ(喜知次)ですが、産地である北海道の呼び名のキンキで流通しています。キンメと呼ぶ地域もありますが、キンメダイ科

に属するキンメダイに対して、キチジはキチジ科であり、別物です。脂がおいしい魚で、握りはもちろんのこと、焼き物や煮付けでおつまみに出されることもあります。

近畿大学水産研究所

近畿大学水産研究所は1970年にクロマグロの完全養殖に向け研究を開始し、32年かけて2002年6月に成功しました。従来行われてきた養殖が、天然のマグロの稚魚もしくは痩せた成魚を捕獲して養殖してきたのに対し、完全養殖では、卵から育てたマグロの成魚が産んだ卵を使ってマグロの成魚を生産、つまり天然マグロを資源として使わずにマグロを再生産します。マグロは皮膚が弱く、移動に工夫が必要、泳ぐ速度が速いため生け簀内で衝突して死んでしまう、生きたエサを好むので配合肥料に餌付かないなど、他の魚に比較して養殖が難しい魚です。32年の間には、11年連続でマグロが産卵しなかった時期もあり、マグロの養殖方法の開発は困難を極めました。近畿大学のマグロは生まれて数日後から、順に動物性プランクトン、アルテミア（甲殻類の一種）、イシダイの孵化仔魚、配合飼料や切った魚、冷凍物を解凍したイワシ・サバなどをエサとして育ちます。育ったマグロは数か月の稚魚として養殖業者へ出荷されるか、3年で成魚として出荷されます。出荷時にはマグロが暴れて傷まないように、生け簀から一本釣りし、釣れた瞬間に電気ショックで感電死させ、船の上で内臓とエラを取って血抜きをし、丸一日かけて内部まで冷やして準備します。箱詰めの際にはすべてのマグロに近畿大学の卒業証書が添えられます。通称、近大マグロと呼ばれ、養殖マグロとして丸ごと、あるいは冊などで流通する他、大阪と東京のレストラン「近畿大学水産研究所」では、調理されて提供されます。近大マグロは国内だけではなくアメリカ・アジアへも輸出されており、天然資源の保護に敏感な海外では、完全養殖のマグロしか食べない主義の人もいます。国内ではマグロに限らず魚は天然物が重用されますが、完全養殖であれば天然資源の状態にかかわらず安定供給が可能で、味も飼料の改善により改善しつつあり、養殖マグロは天然のマグロよりも水銀値が低いというデータもあります。近畿大学水産研究所はマグロの養殖で有名ですが、他にもシマアジ、ブリ、ヒラマサ、カンパチ、イシダイ、トラフグ、カサゴ、オニオコゼ、クエ、マアナゴ、チョウザメ、エゾアワビなど、さまざまな種類の養殖が行われており、タイの完全養殖にも成功しています。クロマグロと同じく絶滅危惧種に指定されているニホンウナギの完全養殖に向けた研究も行われています。

関連語 絶滅危惧種（p.127）、養殖まぐろ（p.194）

錦糸玉子・金糸玉子

紙のように薄く焼いた玉子焼きを「錦紙玉子」といい、それを糸のように細く切ったものを「錦糸玉子」といいます。また「錦」はその色から「金」と書くこともあります。寿司屋の錦糸玉子は玉子に砂糖、水溶き片栗粉、塩を加えて、濾したものを焼きます。

銀シャリ

精白米のみを炊いたご飯で、味付けされていないもの。もともとは戦中・戦後の食糧難の時代に芋や雑穀などを混ぜて炊飯されていましたが、混ぜ物のない白米を炊いたものが白い様から銀シャリと呼ばれるようになりました。現代では寿司屋に限らず、うまく炊けた白ご飯のことを銀シャリといいますが、寿司屋ではシャリと区別して、普通のご飯を銀シャリと呼びます。

銀簾

銀簾と書いてぎんすだれ、もしくはぎんすと読みます。細長いガラス棒を天蚕糸で巻き簾のように編んだもので、寿司屋のネタケースでネタの下に敷いたり、刺身を盛り付ける際に下に敷かれます。

金箔焼海苔

金色の海苔。海苔の片側に、真空中で蒸着させる技術を使って金を貼り付けたもの。通常の海苔と同様に食べる事ができます。いつかどこかで金色の海苔巻きに出会うかもしれませんが、これは金属加工・看板などを扱う諏訪アルファという会社で製造されています。

©諏訪アルファ

金目鯛

|和| キンメダイ
|別| キンメ
|英| Splendid alfonsino
|旬| 12〜3月

旬はおおむね冬場ですが、銚子産は3〜5月、高知産は7〜9月が旬とされています。深海魚なので、江戸前寿司として昔からあるネタではなく、新入りのネタ。皮目がおいしい魚なので、皮をつけたまま調理することが多く、湯引き（p.193）、藁焼き、炙り（p.43）など、毎度どのような仕込みで食べられるのか楽しみなネタです。ヅケにしてもおいしく、ヅケ＋炙りも香ばしくて◎。

クエ

|和| クエ
|別| アラ
|英| Longtooth grouper

一年中おいしい高級魚。見た目が悪く、皮下脂肪も旨味もたっぷりあるのに、なぜか味はあっさりしていて食べやすい不思議な魚です。

草(くさ)

寿司屋の符牒で海苔のことを草といいます。昔、浅草で海苔が採れたことに由来しています。

鞍掛(くらかけ)にぎり

寿司ネタを馬にかける鞍のように切ることから鞍掛にぎりと呼ばれます。玉子の他、マグロの冊(さく)の端の部分を使った握りなどに使われる技術です。

グリーンパーチ

別名で青紙、パーチ紙とも呼ばれます。魚を包んで保存するのに使う緑色の耐水性の紙。紙を硫酸に通すことで繊維を変性させ、耐水、耐油性を持たせた紙です。魚から出る血の色が目立たず、緑色のよい見た目をしています。市場で仲卸（仲卸業者 p.152）が使う他、熟成（p.111）のために魚を長期保管するときにも使用。

黒(くろ)ソイ

- 和 クロソイ
- 別 スイ、クロゾイ
- 英 Black rockfish
- 旬 10〜2月

黒く、ゴツゴツしていて見た目は悪いですが、切り身になってしまうと味も見た目もいたって上品な魚です。養殖でもおいしいので、大きいものを選び、握りは柑橘＋塩で食べるのがオススメです。

軍艦巻(ぐんかんま)き

帯状に切った海苔で1貫分のシャリの側面を包み、その上にネタをのせた握り寿司。軍艦巻きであればイクラやトビッコなどの細かいネタでも握り寿司にすることができます。軍艦巻き用の海苔は「ぐんのり」と呼ばれ、全形の海苔を下図のように切ってつくります。寿司職人がお客の前で切る場合には柳刃包丁を使って切りますが、海苔店ではあらかじめ軍艦巻き用に切った海苔も売られています。海苔には光沢のある表面と、ガサガサした裏面がありますが、軍艦巻きの場合は裏面がシャリに接するように巻きます。巻き終わりがペラペラと寿司から離れてしまうため、ご飯粒を糊の代わりにして留める人と、それを邪道だという人の両方がいます。元祖江戸前寿司では軍艦巻きは存在せず、久兵衛(え)(p.83)でイクラの軍艦巻きが発明されました。今でもこだわりの強い店ではイクラを扱わなかったり、ウニは軍艦巻きにしないで握り寿司にしたりする店もあります。

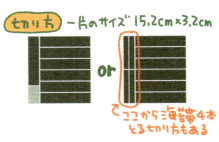

げそ………けらなべ

ゲソ

昔、履き物のことを下足と呼び、大きな料亭などでは下足番と呼ばれる使用人がいました。この下足番は、お客の履物を10足ごとにまとめて整理していたといわれ、これにちなんで、足が10本であるイカの足をゲソと呼びました。イカのゲソは塩で洗ってぬめりと吸盤をとり、寿司ネタにします。生で寿司ネタにできるのはヤリイカやケンサキイカ。コウイカの仲間はしっかりめにゆでて氷水にとり、寿司ネタにします。ツメ（p.145）や海苔の風味と合い、噛むほどに味わえる寿司に。

下駄

①寿司を盛る木製の台を寿司下駄、寿司台、寿司盛台などと呼び、寿司屋の符牒（p.168）ではゲタと呼びます。下駄の歯のような脚があることから下駄と呼ばれますが、下駄を使わずに陶器の皿や葉蘭（p.165）などを用いる店が多く、皿はツケ皿と呼ばれます。②寿司屋の符牒で数の3をゲタといいます。2つある歯の方に目が行きますが、下駄の鼻緒を通す穴が3つあることから3をゲタといいます。③店にもよりますが、もともと寿司職人の履き物は下駄でした。

けら寿司

玉子（ケラ玉）、塩と甘酢でしめたエビ、塩と酢でしめた白身魚、海苔を具にした押し寿司。内側に煮付けたかんぴょうやシイタケを挟む場合もあります。

ケラ玉

寿司屋の玉子焼きのうち、芝エビもしくは魚のすり身を含み、巻かずにつくった薄焼き玉子のことをケラとかケラ玉と呼びます。もともと江戸前寿司では玉子といえば厚焼き玉子ではなく、ケラ玉のことを指しました。ケラとは鋼のもととなる不純物が少ない鉄の塊のことで、玉子を焼く鉄板に使われたことから、玉子のことをケラ玉と呼びます。玉子を食べるとその寿司屋のレベルがわかるといわれることがありますが、それはケラ玉にだし汁、魚のすり身、醤油、砂糖など、店のこだわりや技術が詰め込まれていたためです。最近では、店内でケラ玉を焼かずに購入する店が多いので、そのような店の場合は、玉子焼きで寿司屋の技術を判断することはできません。

ケラ鍋

卵焼きをつくるための銅製の四角いフライパン。正方形の東型（関東）と長方形の西型（関西）があります。深さも錦糸玉子や薄焼き玉子用の浅いものと、厚焼き玉子やだし巻き玉子用の深いものがあります。銅に油をよくなじませて使うため、洗剤で洗わず、汚れを取って油をなじませて保管します。鍋よりも一回り小さい下駄のような板をセットで使います。玉子を返すとき

は板に玉子を返してのせ、ケラ鍋の縁に玉子の端を合わせて板を引き抜くようにして返します。関東風の玉子焼き（ケラ玉）はたっぷり砂糖が入っているので、少し焦がして1回だけ返しますが、あまり焦がさずに何度も返してつくる関西風の玉子焼きなら、長方形のケラ鍋の方が扱いやすいでしょう。

けん

刺身に添えられるつま（p.145）のうち、ダイコン、キュウリ、ニンジン、カボチャなどを細く切ったもののこと。繊維に沿って切ったものを縦ツマとか縦ケンといい、刺身の横に立てるようにして添え、繊維を切るように切ったものを横ツマとか横ケンといい、刺身の下にクッションのようにして敷いて使います。

げんなり寿司

静岡県賀茂郡東伊豆町に伝わる郷土料理。大きく、大量のご飯を押し固めてつくられるため、すぐお腹一杯になってしまい、"げんなり"することから、げんなり寿司に。

けんびる

江戸弁で、剣菱の酒を飲むこと。江戸でダントツに人気だった日本酒は「剣菱」で、浮世絵「東海道五十三次」には、日本橋をマグロを担いで渡る人に加え、剣菱の樽を担ぐ人が描かれています。お酒とともに当時の江戸前寿司をリアルに楽しみたい人はぜひ剣菱を。

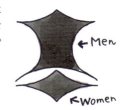

氷じめ

獲った魚を氷を入れた海水に入れて凍死させること。活けじめ（p.48）ほどではありませんが、魚に与えるストレスを軽減させるために行われます。主に魚の数が多くて活けじめにできない場合に用いられます。コハダ、キス、イワシ、サンマなどは通常氷じめで、アジやタイなどはサイズによって氷じめにされたり活けじめにされたりします。

こけ引き

魚の鱗を取る道具。一般には鱗引きと呼ばれますが、職人の間ではこけ引きとも呼ばれます。魚によって鱗のつき方が異なるので、店頭に並ぶころにはほとんど鱗の残らない、サンマなどの魚もあれば、鱗引きがなければ調理できないタイなどの魚もあります。またヒラメやカレイの鱗を取る際は、鱗引きではなく柳刃包丁を使います。

関連語 梳き引き（p.120）

こけら寿司

高知県東洋町の郷土料理で、焼いてほぐしたサバの身をたっぷりの柚子酢に混ぜ、それを寿司飯として使う押し寿司です。寿司飯の上には煮付けたシイタケやニンジン、ニンジンの葉や薄焼きの玉子焼きをちりばめます。1段ができると、次に板を敷き、また寿司飯と具を敷き、これを5〜6段重ねます。

小鯛雀寿司

塩と酢でしめたコダイでつくる押し寿司。タイは皮目が見えるように押し型の一番下に、その上に皮の付いていない身をのせ、海苔や木の芽をシャリとの間に挟んで押します。

骨あたり

魚の血合いや骨や小骨を抜く道具。一般には骨抜きと呼ばれますが、職人の間では骨あたりとも呼ばれます。骨を挟む部分が真っすぐのタイプと斜めのタイプがあり、魚によって引き抜きやすい角度が異なります。アナゴの背ビレを引くときに骨抜きで背ビレをつかむ職人もいます。

小手返し

握り寿司の握り方の名称の1つ。握り方には基本となる小手返し、立て返し(p.140)、本手返し(p.175)があり、中でも小手返しは少ない手の動きで握ることができるシンプルな技術で、多くの寿司職人が小手返しで握ります。職人によってはどれにも当てはまらない方法で握る人もいますし、ネタによって握り方を変える人もいます。

ことわざ

「鮨はコハダに止めを刺す」ということわざがあります。コハダは江戸前寿司の典型的なネタですが、味が濃いので最後に食べるべし、という意味です。

粉醤油

粉末状の醤油。握り寿司の上に醤油の代わりにトッピングすると、ちょっと普段とは違う寿司になります。醤油だけでなく柚子やバルサミコなどを加えたものも販売されており、さまざまなシーズニングが楽しめます。

粉茶(こなちゃ)

煎茶をつくる過程で出る、粉末状の茎や茶葉を集めたものです。抽出温度は煎茶の70〜80℃に対して90℃以上と高く、熱湯で手早く抽出します。安価なお茶として粉茶が使われ始めたとされていますが、現在でも粉茶が使われ続けている理由としては、高級なお茶のように香りが立たず、寿司の味を殺さない、熱い湯で入れられるので、口の中に残った味を洗い流すのにちょうどよいなどの理由があります。なお、回転寿司で湯呑みに直接湯を注いでつくるセルフサービスのお茶は、粉茶ではなく粉末緑茶という別物。粉末緑茶は煎茶を粉砕機で細かく砕いたものと、抽出した煎茶にデキストリンなどを添加し、スプレードライ製法などで乾かしてつくるものがあります。

粉(こな)ワサビ

粉ワサビは大正初期に静岡でお茶の仲買人をしていた小長谷与七によって考案されました。当初は生ワサビとして販売できないワサビを石臼で挽き、粉状にして販売していましたが、辛みが長持ちしない、高価であるなどの欠点があったため、西洋ワサビ(別名はワサビダイコン、ホースラディッシュ)を混ぜてその欠点を補うようになりました。現在ではむしろ西洋ワサビのみや、西洋ワサビに本ワサビが加えられているような製品が多くなっています。西洋ワサビはほぼ白色をしているため、通常粉ワサビは着色されています。関東で主に流通している静岡産の生ワサビは緑色をしているのに対し、関西では淡い緑色をした島根産の生ワサビが好んで使われるため、関東向けには濃い緑で着色し、関西向けに淡い緑で着色しているメーカーもあります。

鮗(このしろ)

- 和 コノシロ
- 別 ツナシ(幼魚)、シンコ(4〜7cm)、コハダ(7〜11cm)、ナカズミ(11〜15cm)
- 英 Dotted gizzard shad
- 旬 6〜8月(シンコ)、9〜11月(コハダ)、12〜2月(ナカズミ)

コノシロは出世魚で、15cm以上のものを指します。寿司屋で最も使われるのはコハダのサイズですが、あえてコノシロのサイズを出すお店もまれにあります。成長するにつれて、重量あたりの価格が安くなるのは、あまりにも有名な話ですが、旨味は着実に成長していき、コノシロともなると味はかなり濃厚になります。旨味を消さずに臭みを消し、成長とともに目立ってくる小骨が気にならないよう刃を入れたり、塩と酢の量・時間を調整してしめるのが、江戸前寿司職人の腕の見せ所です。

シンコ←コハダ←ナカズミ←コノシロ

木の葉造り

お造りの一種で、刺身を木の葉の形にして皿に盛るため木の葉造りといいます。コハダ、サンマ、サヨリなどの細身の魚で使われる技術です。まず3枚おろしにして尾の細い部分を切り落とします。背側を上にして半分にし、切った身を少し上下にずらして重ねる作業を2回繰り返します。再度中央で半分に切り、最後に切った面が上にくるように刺身を立て、合わせて皿に盛ります。

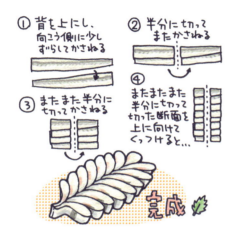

海鼠腸

ナマコの内臓の塩辛で、カラスミ、ウニと並ぶ日本の三大珍味のひとつで、能登半島の名産品。塩気が強いのでうずらの卵をのせて軍艦巻きにされます。お酒のすすむ1貫です。

小刃

握り寿司のネタの端にある小高くなった部分。この部分をつくることを、小刃をつけるとか、角を立てる・つける、包丁をかえす、包丁を効かせる、はねる、などといいます。寿司ネタを切りつけるとき、冊から切り離す直前に包丁の角度を変え、まな板に垂直に立てて切り離すときれいに小刃が立ちます。包丁の刃の先端を小刃といい、その小刃の部分を使って切ることに由来しています。飾り包丁を考慮して小刃をつけずに切りつけすることもありますが、シンプルな握りであれば小刃がある方が見た目が美しいとされています。小刃のある方は皮側になるため、ネタの種類によっては色彩のコントラストが生まれ、また高さもあり、見た目がよいため、寿司を盛る場合には、食べる人の方に小刃がくるように置きます。

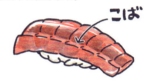

小肌

出世魚であるコノシロ(p.91)のうち、およそ7〜11cmのもの。1匹で1貫、もしくは片身で1貫を握るのにちょうどよいサイズで、また、包丁での扱いにしても、しめ加減にしても、一番扱いやすいサイズです。従って、コハダより大きいものになると、途端に扱う店が少なくなります。コハダは江戸前寿司の鉄板ネタで、「鮨はコハダに止めを刺す」(ことわざp.90)ともいわれます。しめ加減はもちろんのこと、シャリの変化、身と皮のコントラスト鮮やかな飾り包丁などに職人の仕事を見ることができ、寿司好きを惹きつけてやまないネタです。近年シャリに赤酢(p.115)を使う店が増えていますが、コハダをしめるのにも赤酢が使われ始めています。

小肌(こはだ)巻き

コハダとキュウリ、シソ、ガリ、ゴマなどを、シャリを使わずに海苔で巻いたおつまみ。

関連語 アジ巻き (p.42)

昆布(こぶ)じめ

昆布で挟み、昆布の旨みを素材に移したもの。寿司ネタではヒラメやタイ、キス、カスゴなどがよく昆布じめにされます。切り身に塩をしてしばらくおき、塩を洗い流して酢水にサッとくぐらせます。昆布は酒で湿らせておきます。魚を昆布で挟んでラップで包み、魚と昆布を密着させて冷蔵庫に数時間入れておけばできあがりです。酢水ではなく霜降り (p.109) で臭みを取ることもあります。魚から昆布に水分が移り、魚は脱水され、昆布からはグルタミン酸や塩分などのミネラルが魚に移り、魚の旨味が増します。昆布の種類は味がシンプルで幅広い真昆布がよく使われますが、羅臼(らうす)昆布でも深い味わいになります。上下を真昆布と羅臼昆布で挟む人もいます。身が薄く、味も淡白なネタは真昆布だと昆布の味が強くなってしまうので、時間はもちろん、サヨリを白板昆布で、シラウオをおぼろ昆布でといったように、昆布の種類を変えてしめたりします。魚だけでなくキュウリなどの野菜も昆布じめにしておつまみにします。昆布じめはもともと富山の郷土料理。富山では江戸時代に北前船により北海道から運ばれた昆布が大量に流通していたため、昆布巻き、昆布巻きカマボコなど昆布を使った料理が多くつくられました。郷土料理としての昆布じめは刺身にしてから昆布に挟みますが、寿司用に昆布じめにする場合は冊(さく)のまま昆布に挟み、握る直前に切りつけます。

昆布(こぶ)巻き寿(ず)司(し)

熊野(和歌山県南部と三重県南部)に伝わる郷土料理。寿司飯にニンジン、タケノコ、ゴボウ、かんぴょうなどをのせて厚地の白板昆布で巻いた寿司で、さんま寿司と並び、正月料理として食べられています。熊野では昆布は獲れませんが、江戸時代の廻船による貿易で東北地方から昆布を入手していました。

ゴマ

ほぼすべての食材と合わせられるといっても過言ではないゴマですが、寿司に使われる食材についても寿司飯、海苔をはじめとした主役からシソやショウガ、キュウリなどの脇役の食材までオールマイティに組み合わせておいしく食べられます。魚介類では特に青魚や白身魚、イカなどと相性がよいです。ゴマはゴマ科の一年草の種子で、日本で流通しているゴマの99.9%は外国産。国産では九州南部が主な産地です。不飽和脂肪酸・タンパク質・炭水化物・ビタミン・ミネラル・食物繊維など栄養が豊富であるものの、皮が固いためすり潰さないと栄養がほとんど吸収できないとされています。にもかかわらず、寿司に使われる場合、まず、すりゴマが使われることはありません。理由は不明ですが、プチプチとした食感とゴマの外皮の味自体が寿司の味として欠くことのできない重要な要素であり、すり潰したときに出てくる舌ざわりや内部の味が寿司に合わないのではないかと思います。

五色ゴマ ON 白イカ

古米(こまい)

寿司職人に寿司の味を決めるのは何かと聞くと、おいしい魚かと思いきや、口を揃えて「シャリ」と答えます。さらに、米は当然シャリの味を決める最も重要な要素であり、さぞかしおいしい米を、もちろん新米の時期には新米を使うのだろうと思いきや、寿司屋で好まれる米はどちらかといえば古米、新しい米でも家庭で食べるのにおいしいとされるものより、固めで粘り気の少ない、小粒の米です。なお、古米とは、前年に収穫された米を指します。前々年に収穫された米は古古米(古々米(ここまい))と呼ばれ、年を遡るごとに古が1つ増えます。一口に古米といっても、寿司屋で好まれるのは精米してから放置され味が落ちたものではなく、玄米のまま低温倉庫で温度・湿度を調整しながら保存され、熟成されたものです。このような米は「熟成米」とも呼ばれます。

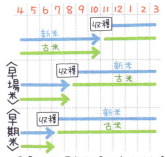

5枚おろし

ヒラメやカレイなどの平らな魚とカツオをおろす技術で、上身(うわみ)、下身(したみ)を二等分にした4枚と、中骨(なかぼね)の合計5枚におろします。なお、平らな魚であっても5枚おろしにせず、3枚におろす人もいます。

胡麻鯖(ごまさば)

- 和 ゴマサバ
- 別 マルサバ、ホシグロ
- 英 Blue mackerel
- 旬 6〜9月

体側面に直線に並んだゴマのような点々模様があることからゴマサバと呼ばれます。また、マサバの断面が楕円であるのに対し、ほぼ円形であることからマルサバとも呼ばれます。ゴマサバはマサバに比較して脂が少ないため、高級寿司店ではマサバの方が使われていますが、新鮮なゴマサバを浅くしめたものはまた別のおいしさがあります。夏が旬なので、冬場が旬のマサバに入れ替えて出されたりします。

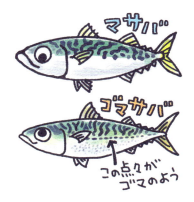

胡麻豆腐(ごまどうふ)

ペーストになるまですって裏ごししたすりゴマと昆布だしを本葛(ほんくず)で固めたもの。寿司屋の先付けではしばしば胡麻豆腐が出されます。豆腐自体にもだしが使われますし、魚の潮汁(うしおじる)(あら汁 p.44)でつくった餡(あん)が添えられる場合もあり、旨味たっぷりのだしとゴマの風味を味わうことができます。

米

コシヒカリ
日本を代表する米の品種。新潟県魚沼産が一大ブランドですが、東北地方以南の日本各地で栽培されています。水分が多くもっちりしたご飯が好まれる、家庭向けの代表的な品種でもありますが、粒の硬めのものを探したり古米をうまくブレンドしたりして多数の有名寿司店で使用されています。

ササニシキ
全国的に有名な日本を代表する米の品種。粘りが少なく主張しない味で寿司用の米として昔から人気があります。1993年の冷害で被害が大きく、冷害に強いひとめぼれへの品種変更により流通量が減少しました。

はえぬき
1993年品種登録された比較的新しい品種。山形県だけで生産されており、知名度が低め、値段も安めですが、日本穀物検定協会による米の食味ランキングで特Aランクを1994（平成6）年より22年連続で受賞した実績のある優秀な品種です。冷めてもおいしい特徴があり、寿司屋や弁当屋で人気の品種です。セブン-イレブンのおにぎりにも使用されていることから、実はかなりの人が食べたことがある米と推測されます。

ハツシモ
岐阜県を中心に生産されている品種で、昔からササニシキと並んで寿司用の米として人気があります。初霜が降りるころまでじっくりと育てることが名前の由来となっています。粘り気が少なく握りやすい、型くずれしにくい、甘みが強いなどが特徴。

ブレンド米
複数の品種を混ぜて販売される米。寿司屋には単一品種の米を使う店もあれば、ブレンド米を使う店もあります。

米の数

シャリのつくり方から1貫あたりのシャリのサイズまで、店やネタによってさまざまですが、平均的な寿司を想定した場合、1貫あたりの米の数は300粒ほどです。通常寿司職人は米粒の数まで意識して寿司をつくりませんが、グラム単位であればほとんど誤差なくシャリをつかむことが可能です。一度手に取ったシャリが多かった場合に、おひつにシャリを戻すことを「捨てシャリ」といい、これを嫌う職人もいます。

五目寿司

寿司飯に甘辛く煮付けた干しシイタケ、ニンジン、油揚げ、ゴボウなどを混ぜ、錦糸玉子をのせた家庭料理で、古くから日本各地でつくられています。地域や家庭によって、具にコンニャク、タケノコ、ハスなどの野菜や、火を通したエビ、煮アナゴなどが追加されます。別名で五目ちらしとも。

コロ

マグロの流通単位の一つ。大型のマグロは多くの場合、仲卸でコロに切り分けて販売されます。切り分けたコロは、それぞれ背中側と腹側の上、中、下で、背上 (p.126) や腹上 (p.163) などと呼ばれます。同じ個体から取れたコロでも、部位によって味わいや脂ののりが異なります。

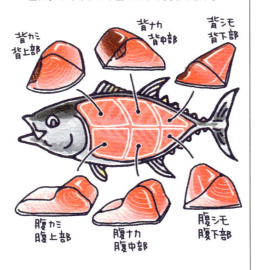

昆布

国内で生産される昆布は9割以上が北海道産で、残りは三陸海岸沿いで生産されます。地域によって獲れる種類が異なり、これは海流の違いによります。寿司屋で使用される昆布はだし用に真昆布、羅臼昆布、利尻昆布、昆布じめ用には真昆布、羅臼昆布などが一般的です。真昆布を薄くすきとった白板昆布（バッテラ昆布）やおぼろ昆布も昆布じめやトッピングに使うことがあります。

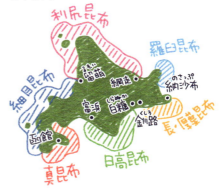

昆布塩

白身魚やイカなどの握りは昆布塩で食べてもおいしいです。塩に粉末状にした昆布を混合した市販の昆布塩もありますし、濃いめに炊いた昆布のだし汁に塩を加え、水分を飛ばして自家製の昆布塩をつくることも可能です。昆布塩は浅漬けをはじめ、和洋を問わず家庭料理の調味にも使え、たいへん便利です。

サーモン

現代では寿司ネタとして、子どもを中心に大人気のサーモンですが、江戸ではサケが獲れなかったため、江戸前寿司のネタにサーモンはありませんでした。また、サケにはアニサキス(p.43)が寄生しており、冷凍技術のない時代は飲食店で生食で提供することはありませんでした。今でも"江戸前"を厳格に捉える寿司屋ではサーモンはあまり提供されない傾向にあります。サーモンが好きなお客のために、まれにサクラマス(p.101)を用意する店も。寿司屋で扱われるサーモンはチルド輸入された養殖物のアトランティックサーモンか、冷凍輸入のトラウトサーモン（養殖用に改良されたニジマス）がほとんどですが、近年国内でも生食可能なサーモンの養殖が盛んに行われており、国産のサーモンも食べられるようになりました。国内の淡水養殖のサーモンは輸入物に比べて高価ですが、寄生虫の心配がなく、獲れたての生を刺身で食べられます。ご当地サーモンに出会ったらぜひお試しを。サーモンを寿司ネタにする場合は冊の状態で塩を振って臭みを取ります。シソ、レモン、炙り、スモークソルト(p.126)などさまざまなアレンジが楽しめます。

アトランティックサーモン

和 タイセイヨウサケ
英 Atlantic salmon

川で生まれて大西洋で生活し、産卵のため川に遡上するタイプ。ノルウェー、チリ、イギリス、カナダ、デンマーク、オーストラリアなどで大量に養殖されています。一年中安定して入手でき、価格変動しないので、店としては安心なネタです。

トラウトサーモン

|和| ニジマス
|英| Rainbow trout（陸封型）、
　　Steelhead（降海型）

トラウトサーモンはワシントン大学名誉教授のドナルドソン（Lauren Donaldson）博士がつくり出した、大型になるニジマスと、スチールヘッド（生物学的にニジマスと同種であるが降海型のもの）を掛け合わせて開発した養殖用の品種で、自然には存在しない品種です。アトランティックサーモンと同様、主にノルウェー、チリ、フィンランド、デンマークなどで養殖されています。

甲斐サーモン

山梨県で生産される淡水養殖サーモンで種はニジマス。中でも、山梨産のぶどうの果皮を粉末にしたものを含んだ飼料で2か月以上育てた、出荷時1kg以上のものを「甲斐サーモンレッド」といいます。

絹姫サーモン

愛知県水産試験場が12年かけて開発した淡水養殖サーモン。ホウライマスとアマゴを交配した赤色の強いタイプ「ニジアマ」と、ホウライマスとイワナを交配した白っぽいタイプ「ニジイワ」があります。身がプリプリで生食がオススメ。

讃岐サーモン

2011年の東日本大震災で東北沿岸部のサーモン養殖漁場が使えなくなったことにより、東北内陸部の稚魚生産者が販売先を失ってしまったため、香川県で稚魚を購入し養殖を開始したものです。品種はトラウトサーモンで、飼育肥料に4種類のハーブ（ナツメグ、オレガノ、シナモン、ジンジャー）を配合しており、臭みが少なく生食向きです。瀬戸内海の海水温が低い12月〜5月に飼育するため、4〜5月にかけて関西を中心に、一部首都圏でも流通します。

信州サーモン

長野県水産試験場が10年かけて開発した淡水養殖サーモン。ニジマスとブラウントラウトを交配したもので、繁殖能力を持たないため、万が一自然界に逃げてしまっても繁殖しません。肉厚で色もよく、寿司向きのサーモンです。

広島サーモン

広島サーモンは万古渓（広島県廿日市市）の淡水で2年育てた後、大崎上島の海に移して養殖するサーモンです。飼料に広島特産のレモンを配合しており、生食しやすいさわやかな味です。

みやぎサーモン

ギンザケを養殖したもの。実は、サケの養殖を世界で最初に行ったのは日本で、1976年に宮城県志津川湾でギンザケの海面養殖が開始されました。昔は臭みがあって生食向きではありませんでしたが、改良が重ねられ、刺身でも食べられるようになっています。ギンザケは海水温21℃を超えると全滅してしまう品種で、国内に自然には生息しておらず、卵はアメリカのワシントン州に遡上した親から採ったものを空輸しています。

サーモンロール

サーモンを主なネタとしてつくった海苔巻き。シンプルなものから、単純にサーモンを芯にしてつくった細巻き（p.134）、サーモン、アボカドを芯にしてつくった裏巻き（p.55）、裏巻きの海苔巻きをサーモンで巻いたものなどがあり、ネタもスモークサーモンが使われたり、キュウリやクリームチーズが追加されたり、裏巻きの外側にトビッコや白ゴマをまとわせたものなどさまざまにアレンジされます。

菜箸

調理用の長い箸。寿司の上に細かい薬味をきれいに置くには、先端の尖った菜箸が使いやすく、職人によって金属製のものを使用していたり、竹製のものを使いやすく細さまで削って使用したりします。

堺屋松五郎

江戸時代の江戸前寿司職人で、江戸三鮨（p.55）の1つ「松の鮨」の創始者。
関連語 浮世絵（p.51）

さがや

寿司屋の符牒（p.168）で、おぼろ（p.63）を指します。1747（延享4）年につくられた三味線音楽、常磐津節の一節に、「嵯峨や御室の花盛り、浮気な蝶も色かせぐ、廓の者に連れられて、外珍しき嵐山」という箇所があり、「おむろ」と響きの似ている「おぼろ」を枕詞のさがやで連想させています。現代の一般人にはちょっと難しいですね。

冊

ある程度大きい魚を、刺身などにしやすい大きさの直方体、もしくはそれに近い状態に切った切り身。タイなどは3枚おろしにした後、上身と下身を切り分けた状態を冊といい、マグロの場合はコロ（p.96）を長方形のブロックに切り分けた状態を冊といいます。

冊取り

魚を冊に切り分ける作業を冊取りといいます。

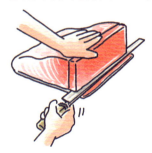

桜塩(さくらじお)

塩漬けの桜の花びらを乾燥させ、粉末にして塩と合わせてサラサラになるまで炒ったもの。桜の季節に白身の握りにのせて季節感を演出できます。

桜じめ(さくらじめ)

桜の葉の塩漬けを使って、マダイ、アマダイなどをしめます。桜の葉は塩が強いので適度に塩を抜いて使います。春を感じさせる仕事です。

桜煮(さくらに)

桜煎りと同義。タコの足を柔らかく煮たもので、寿司屋のおつまみでよく出される一品。煮上がったタコの見た目から桜煮といい、材料に桜は使用しません。基本は水と酒でタコを柔らかくなるまで煮てから、みりんと醤油で味をつけますが、店によって小豆(あずき)やダイコンを使うなど、違うつくり方をします。

桜鱒(さくらます)

- 和 サクラマス
- 別 ホンマス
- 英 Cherry salmon
- 旬 3〜6月

ヤマメ(陸封型)の降海型で、川で生まれて海で数年を過ごし、産卵のために川を遡上します。桜前線の北上とともに川に姿を見せるため、サクラマスという名前が付いています。富山の鱒寿司は本種を使いますし、握り寿司の寿司ネタとして出す店もあります。

酒寿司(さけずし)

鮭寿司の誤記ではなく、酒寿司という鹿児島県に伝わる郷土料理です。江戸時代に、花見で残った料理と酒を一緒に桶に入れたところ、翌朝発酵してよい香りが漂うおいしい料理になっていたとか、男性が強かった鹿児島県で、女性がこっそり花見のときに酒を楽しむためつくられたなどの説があります。鹿児島の地酒である灰持酒(あくもちざけ)が使われます。地酒をまぶしたご飯の上に煮付けたタケノコ、フキ、シイタケ、さつま揚げなどの具材をのせ、さらにご飯で挟み、卵焼き、イカ、エビ、タイ、キビナゴなどをのせて重石(おもし)をし、数時間〜1日おいてつくります。お酒が好きな人は、食べるときにさらに灰持酒をふりかけて、ひたひたにして食べるのだとか。

笹(ささ)

葉蘭(はらん)(p.165)とともに、古くから寿司を包んだり、寿司の下に敷いたり、飾りとして寿司の間を仕切るのに笹の葉を使いました。笹の葉には安息香酸ナトリウム(Sodium Benzoate)という抗菌作用を持つ成分が含まれており、雑菌の増殖を抑制する作用があります。

笹切り(ささぎり)

笹を包丁でくり抜いてエビや鶴、亀などの形をかたどること。江戸時代の出前寿司では、届け先の家の家紋を笹切りでつくり、目印にした店もあったそうです。笹切りは寿司職人が習得する基本的な技術の1つで、全国寿司技術コンクールにも笹切り競技があります。

笹寿司(ささずし)

クマザサで寿司を包んだ郷土料理で、石川県、長野県、新潟県でつくられていますが、石川のものと、長野・新潟のものとでつくり方が異なります。石川県の笹寿司は笹2枚を十字に重ね、中央に寿司飯と酢じめにした魚をのせて包み、重石(おもし)をしてつくる押し寿司です。一方、長野・新潟では1枚の笹に寿司飯を置き、その上に具材をのせるだけで、押さずにつくります。具材は地域や家庭によってかなりバラエティがありますが、山菜、ニンジン、ヒジキ、油揚げなどを煮付けたものなどがのせられます。

射込み(いこみ)

玉子の握り方の一つ。厚めに切った玉子の中央に切り込みを入れ、寿司飯を詰めてから2つに切り分けます。

[関連語] 鞍掛(くらかけ)にぎり(p.87)

殺菌(さっきん)

殺菌とは有害な細菌やウイルスなどの微生物を殺して減らすことです。どの程度減らせるかについての定義はなく、その効果の程度にはあいまいさが残ります。一方で、完全に微生物を死滅させることは滅菌といいます。寿司に使われるワサビ、ショウガ、ササ、酢などはいずれも殺菌作用があります。

鯖(さば)

[和] マサバ
[別] ホンサバ、ヒラス
[英] Chub mackerel
[旬] 11〜2月

一般的にサバといえばマサバを指します。各地でブランド化されており、関サバ(豊予海峡(ほうよかいきょう)で獲って大分県佐賀関(さがのせき)で水揚げしたもの)、岬(はな)サバ(豊予海峡で獲って愛媛県佐田岬港(さだみさきこう)で水揚げしたもの)、伊奈サバ(対馬(つしま)で獲って伊奈漁港(いなぎょこう)に水揚げされたもの)、金華サバ(宮城県金華山沖で獲って石巻港(いしのまきこう)で水揚げ)、旬さば(五島海域から対馬海峡で獲ったもの)、松輪(まつわ)さば(神奈川県三浦市松輪漁港で水揚げされたもの、「黄金のサバ」ともいう)はすべてマサバです。

鯖寿司（さばずし）

酢じめにしたサバでつくった寿司の総称。棒寿司、バッテラ（p.161）、松前寿司（p.181）などがあります。

さばを読む（よむ）

年齢やものの数をごまかすことを意味する慣用句。由来はサバなどの魚を数えるときに申告数と実数が合わないことから来ており、諸説ありますが、魚を数えるときに傷みやすいので早口で数えたからとか、1つかみ4匹を10回繰り返して40匹などと数えるのに、そのうちの1回は3匹をつかんでもわからないからなどといわれています。

Samantha Jones（さまんさじょーんず）

アメリカのドラマ『Sex and the City』で女優キム・キャトラルが演じたキャラクター。映画版で、普段料理もしないのに、バレンタインデーのサプライズプレゼントに恋人のスミスのために寿司をつくり、それを裸になった自分の体に盛り付けて待機。スミスの仕事が3時間押して、結局寿司は皿に戻されました。

サメ皮（がわ）

ワサビ専用のおろし器。白木にサメの粗い皮を貼ったもので、大～小のサイズがあります。江戸時代に宮大工の持っていた木工用のサメ皮を参考につくられるようになりました。ワサビは皮の上を丸く円を描くように回してすりおろします。店では長持ちさせるため、2枚のサメ皮を交互に使います。

針魚（さより）

和	サヨリ
別	スズ、ハリウオ、ヨロズ、ヨド
英	Japanese halfbeak
旬	11～3月

冬～春の江戸前寿司の典型的なネタ。小ぶりのものはサヨリと呼び、40cmを超えるものはカンヌキと呼びます。門を閉める横木の閂に由来します。皮をはぐと白くて細い身の中心に銀の筋が残って美しく、切り方や握り方を工夫した細工握りで出されることもあります。あまり刃を入れずに歯ごたえを残した方がおいしいという人もいます。はいだ皮は竹串に巻きつけて炙り、おつまみにもします。江戸時代は酢じめにするネタでしたが、現代では鮮度が保てるので、生か、立て塩にさらしたり、白板昆布で浅い昆布じめにしたりします。

さらし

漂白された木綿100%の布。漂白の工程自体もさらしといいます。寿司職人はネタを切るたびに包丁とまな板をさらしで拭い、さらしを水道で洗って絞ると同時に手をきれいにします。

ざる

寿司屋で使われる竹を編んだざるは盆ざると呼ばれ、丸型と角の丸い正方形、大小さまざまなサイズがあります。一般的なざるの用途である水切りの他、魚に塩をふってしめるときや、皮目に湯をかけて湯引き(p.193)するときにも使います。

鰆（さわら）

和	サワラ
英	Japanese Spanish mackerel
旬	12〜2月

魚に春と書くので春の魚と思われがちですが、身を食べるのであれば旬は真冬の脂がのった時期。関西地方では春になって瀬戸内海に集まってきた産卵直前のサワラを獲り、卵や白子も一緒に食べる習慣があるため、サワラの旬は春と考えるのが一般的です。皮ごと焼き霜(p.192)にしてから切りつけて握ると、香りのよい脂がジワ〜ッと口に広がります。

山椒（さんしょう）

ミカン科サンショウ属の落葉低木で、株に雌雄があり、雌株だけが実をつけます。若芽、雄花（花山椒）、果実（実山椒）、果皮を食用にします。一般に香辛料として使われるものは、熟して赤くなった実を果皮だけにし、乾燥させて粉末にしたものです。寿司には若芽を飾りにしたり、醤油やみりんと炊いた実山椒を寿司飯に混ぜて稲荷寿司(p.49)をつくったり、アナゴと合わせたりします。なお、乾燥させた果皮は、芳香性健胃薬などの生薬にも用いられます。

山水盛り（さんすいもり）

和食の基本的な盛り付け方の名称。皿の奥側に山を表現するように食品を高く盛り、そこから川が流れるように、手前側は低く盛ります。

秋刀魚（さんま）

和	サンマ
別	サイラ、サザ、サヨリ、セイラ、カド
英	Pacific saury
旬	8〜11月

サンマの旬は秋ですが、脂がのりきる前の真夏のサンマも、寿司なら充分にその旨みを生かせます。シソ、あさつき、ショウガなどの薬味と併せたり、酢、黄身酢、昆布などでしめたり、炙り、おろし添えなど食べ方の種類も豊富です。

3枚おろし

魚をおろす一般的な方法で、上身、下身と中骨の合計3枚におろします。

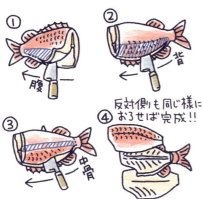

さんま寿司

三重県の志摩半島から和歌山県の熊野灘沿岸一帯、奈良県の一部に伝わる郷土料理で、サンマを開いて塩漬けにし、寿司飯にのせて押し寿司にしたもの。背開き（p.128）にする地域もあれば、腹開き（p.164）にする地域もあります。この地域では、サンマを使ったなれずしもつくられています。なお静岡県伊豆にも郷土寿司としてさんま寿司がつくられており、こちらは酢じめにしたサンマが使われます。

GHQ

連合国軍最高司令官総司令部（General Headquarters, the Supreme Commander for the Allied Powers）の略。第二次世界大戦の後、ポツダム宣言を執行するために日本で政策を実施した連合国軍機関。日本では戦時中から食糧統制が行われ、飲食店の営業が徐々に困難となっていき、さらに戦後、1947（昭和22）年にGHQの飲食営業緊急措置令により、配給された外食券以外の飲食店が営業停止になりました。何とかして営業できるようにと東京の寿司職人の有志がGHQと交渉し、東京では同年、京都では2年後に委託加工制度が認められました。委託加工制度とは、客が1合の米を持参すると寿司屋が加工賃をとって10貫の寿司を握るというものでした。魚も配給制でしたが、統制されていなかった貝類や川魚など工夫してネタを確保していたそうです。1合の米で10貫だと、現在の標準的な寿司よりやや大きめのサイズですが、この委託加工制度によって江戸前寿司がある程度標準化されました。

椎茸

食用のキノコ。生もしくは干しシイタケを水で戻したものを甘辛く煮付けて寿司に使います。一般的に五目寿司や太巻きに使われる他、各地の郷土寿司のネタとして使われます。

仕入れ

消費者や小売業者へ販売することを目的として卸売業者から購入すること。個別に仕入れを行っている寿司屋の仕入れは、魚河岸（p.51）まで出かけて直接見て魚を購入する形態と、特定の卸売業者にあらかじめ注文を入れて届けてもらう形態、その両方を混ぜた方法で行われます。大型チェーンだと一括で仕入れて加工センターなどで仕込みが行われる場合もあります。

JSIA 寿司インストラクター協会

東京すしアカデミー株式会社内にある、飾り巻き寿司を中心とした寿司技術の認定機関です。

塩

海水の乾燥もしくは岩塩の採掘によって得られる塩化ナトリウムを主成分とする調味料。日本には塩の安定供給を目的とした「塩事業法」があり、第1章第2条に『「塩」とは、塩化ナトリウムの含有量が百分の四十以上の固形物をいう。ただし、チリ硝石、カイニット、シルビニットその他財務省令で定める鉱物を除く』と定められています。国際的には、国際食品規格委員会（Codex Alimentarius Commission）にて食用塩を定義しており、純度は97％以上とされています。（フランスのみ94％）塩化ナトリウム以外のマグネシウム、カルシウム、カリウムなどの成分の含有量によって味が異なり、価格もさまざまなため、寿司屋では通常数種類揃えて、用途によって使い分けられます。

関連語 昆布塩（p.96）、桜塩（p.101）、ゆず塩（p.193）

塩辛

魚介類の内臓に塩を加えたものに、細かく切った身を入れて発酵させた保存食品。通常、単純に塩辛というとイカでつくったものを指しますが、カツオでつくった酒盗をはじめ、オキアミ、タコ、イワシ、ホヤなどさまざまな材料が使われます。寿司屋ではつまみとして提供される他、塩辛を軍艦巻きや海苔巻きで握ることもあります。

時価

市場価格の変動によって、変動する販売価格のこと。寿司の販売価格は店によって、ネタごとの価格がすべて表示されている場合と、まったく記載されていない場合、一部のネタに時価と表示し、その他のネタには価格を表示している場合があります。時価で提供する寿司屋の場合、近年は高級店でも多くの場合おまかせ（p.63）の価格が明示されています。心配な場合は予約時に予算や好みを相談しておくと、店でもたついたやり取りをしなくて済みます。「会計時に驚いた！」なんて話はよく聞きますが、身なりのいいお客、接待、横柄なお客、頼まないのに長居したお客などは割高になるなんてことは本当にあります。ただ、本当にその日は魚が高かったり、あるいは同じ日の同じネタでもよい部位を切ってくれていたりしますので、職人のさじ加減だけで値段を決めているかというと、そうでもないのです。魚の価格は、年の出始めで数が少ない日や、シケや不漁の日は一時的に高くなりますし、不作の年はその年を通して高値だったりします。特にセリで価格が決まるマグロやウニは価格が大きく変動します。実際市場に通うと魚の値段は日々変動していることが判り、価格の感覚がつかめるとともに、時価の意味を実感できるようになります。

仕込み

飲食店において、注文を受けた後に料理を短時間で提供できるように下処理しておくこと。通常、寿司屋では魚をおろして冊の状態にすることや、酢や昆布でしめたり、煮付けたりしてネタケースに収めるところまでが仕込みですが、宴会などで大量の寿司を短時間で握る場合は切りつけ（p.84）まで含まれます。

シシャモ寿司

10〜11月のみ北海道勇払郡むかわ町で食べられる生のシシャモの握り寿司。スーパーなどでは、北大西洋とオホーツク海に生息する標準和名カラフトシシャモの輸入品が流通しています。しかし、シシャモ寿司に使われるのは、これとは異なる標準和名シシャモという種類で、世界中でも北海道の太平洋沿岸、一部の地域でわずかに獲れるのみ。

シソ

シソ科シソ属の植物。原産はインド、中国、東南アジアなどといわれています。青ジソの葉は別名大葉といい、あらゆる魚介類に合うため、寿司の薬味、刺身のつまとして多用されます。シソの小さな花がたくさん付いた部分を花穂、花が開きかけの状態を摘んだものを「花穂じそ」、花が終わり、実がなった状態で摘んだものを「穂じそ」といい、いずれも刺身のつま（p.145）にします。花の色は青ジソが白、赤シソは紫です。また、シソの芽は芽ジソといい、青ジソの芽である「青芽」、赤シソの芽である「紫芽」とともに刺身のつまにします。

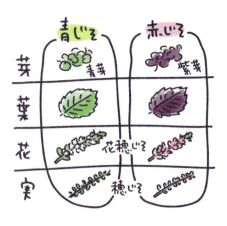

下身

魚の頭を左に、腹を手前に向けて置いたときに下側になる身。流通の際、魚は常に左側を頭にして置かれ、下身は上身（p.55）の下敷きになるため傷みやすく、上身に比較して価値が低く、下身は先に使われます。一方で、開いたアナゴの場合は尾側の半分を下身といいます。アナゴは上身と下身で握り方が異なり、下身の場合は表身に握るのが基本的な方法です。理由は諸説あるようですが、アナゴを煮ると上身は皮側の上が凸に、下身は身側が凸に反りやすく、シャリ玉になじませようとすると自然にそうなります。

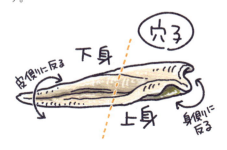

シニグリン

ワサビの辛みの元となる成分。シニグリン自体は辛くなく、苦い味がします。ワサビをすりおろすと細胞が壊れることにより、シニグリンとミロシナーゼという酵素が反応し、グルコースと硫酸水素カリウムが離れて辛み成分であるアリルイソチオシアネートを生じます。ワサビを食べたとき、辛さとともに甘さを感じるのはグルコースが発生していることが原因です。ちなみに、睡眠中の人を起こすのに必要な空気中アリルイソチオシアネート濃度の発見と、これを利用したワサビ警報装置の開発で日本人の研究チームが2011年のイグ・ノーベル賞を受賞しています。

篠田統（しのだおさむ）

大阪府出身の食物史学者。著書に『すしの本』（柴田書店/1966、岩波現代文庫/2002）および、『すしの話』（駸々堂ユニコンカラー双書/1978）があります。これらは、握り寿司がつくられるようになる以前の、寿司の原型である「なれずし」や、日本各地の郷土料理としてつくられる各種寿司についてたいへん詳しく書かれており、「寿司の歴史の教科書」ともいえるかもしれません。

縞鯵（しまあじ）

- 和 シマアジ
- 別 シマイザキ、コセ、コセアジ、カツオアジ、オオカミ（特大のもの）
- 英 White trevally、Silver trevally、Striped jack、Silver bream
- 旬 6〜8月

アジ類の中では最も高級で、アジの仲間なのに白身として扱われ、実際、血合いの色は濃いですが、その他の身の大部分は白身魚のような乳白色をしています。天然物はたいへん高級ですが、四国、九州の養殖物でも味はよく、安定して比較的安価に入手できます。醤油はもちろん、醤油＋柑橘、塩＋柑橘や、昆布じめも合います。腹身を炙って塩をしたのもジワ〜ッとしみ出る脂がたまりません。

島寿司（しまずし）

東京都八丈島の郷土料理で、その見た目から、別名をべっこうずしといいます。一見握り寿司のようですが、シャリが甘めで、ネタをヅケ（p.144）にすることと、ワサビが手に入りにくかったため、代わりにカラシを用いるのが特徴です。ネタは島で獲れる魚全般で、タイの仲間、カツオ、カジキ、シイラ、トビウオなど。小笠原諸島には八丈島から移住した人が多かったことから、小笠原諸島でもつくられていますが、ネタにはサワラが使われます。

清水すし
ミュージアム

静岡県静岡市清水区のエスパルスドリームプラザ内にある寿司のテーマパーク。江戸時代風の内装で、握り寿司が誕生したころの様子を体感できる他、バラエティに富んだ展示があります。

静岡県静岡市清水区入船町13-15

②牛肉の霜降りのようにマグロでも、細かい脂に霜が降りたようにサシが入っている部分を霜降りといいます。部位でいうと腹上（p.163）に該当します。

蝦蛄 (しゃこ)

- 和 シャコ
- 別 ガサエビ、ガタエビ、シャエビ
- 英 Mantis shrimp
- 旬 6〜10月

姿はエビに似ていますが、味はエビよりもあっさりしていて、カニに似ています。春〜夏にカツブシと呼ばれる卵を持ったシャコもあり、これはこれでまったく違う味わいが楽しめます。爪の肉は1匹から少ししか取れず、珍味として軍艦巻きなどに。鮮度が落ちやすく、ゆでてツメ（p.145）をつけて提供される事が多いですが、新鮮なら生食可能で、ゆでたものより甘みがあります。産地ではぜひ生のシャコを。

ジャコ寿し

和歌山県の紀の川地域でつくられる郷土料理。紀の川で獲れた川魚を素焼きした後に甘露煮にし、寿司飯にのせたものです。

しゃり　　　　　しゅぎょう

舎利(しゃり)

お釈迦様の遺骨を指す言葉ですが、寿司飯を示すシャリの語源でもあります。日本では僧侶がご飯のことをシャリと呼んでいたため、寿司屋でも同様に使われるようになりました。お釈迦様の遺骨は細かく砕けていたといわれ、米の粒のようだったためとも、サンスクリット語の米：sari(シャーリ)と遺骨：sarira(シャリーラ)が似ていて、伝来の過程で混同されたともいわれています。

修業(しゅぎょう)

寿司職人の修業を表す言葉には「シャリ炊き3年、合わせ5年、握り一生」とか、「シャリ炊き3年、握り8年」などがあり、店の方針や本人の資質にもよりますが、初めて弟子入りした店では5年くらいはお客に出す寿司は握らせてもらえないといわれます。銀座の超有名店「すきやばし次郎」で修業された「鮨ます田」の増田氏は、9年間の修業のうち、7年間は寿司を握らせてもらえなかったそうです。それでも小魚の仕込みなど、作業によっては早いうちからやらせてもらえるものもあり、徐々に担当できる内容がレベルアップするのが普通で、本当にシャリ炊きだけを3年しているわけではありません。ただ、握りも仕込みも、手取り足取り教えてもらえるというよりは、親方や兄弟子たちの技を見て盗むのが当たり前という店が多いといわれます。握りをつくっても「何か違うんだよな～」しかいってくれない、まさに職人気質のイメージそのままの親方もいたりします。修業中の練習には、ご飯の代わりにさらし(p.104)やおから(p.60)、海苔の代わりに新聞紙などを使います。なかなか技術が習得できない時期は辛く感じることもありますが、たまに先輩から褒められたり、お客から掛けられる「頑張ってね！」などの一声、まかないがチラシ寿司だったりすることがモチベーションになるそうです。

シャリ切り

炊き上がったご飯に合わせ酢(p.44)を混ぜ、寿司用のシャリをつくることをシャリ切りといいます。ご飯が炊き上がったらすぐに釜から出して飯切(はんぎり)(p.165)にあけ、ムラなく合わせ酢をかけたら、宮島(p.185)をご飯の塊を「切る」ように素早く水平に動かします。米を潰さずに、米粒一つ一つが離れるように、シャリを切ります。時間をかけると粘りが出てしまうので手早く行います。

熟成（じゅくせい）

食べ物を収穫後にすぐ食べず、時間をかけて食感の変化や旨みの生成を待つこと。古くから、食肉については熟成が行われてきましたが、近年は魚でも熟成を行うようになり、「熟成寿司」で有名になる店が出てきました。かねてから白身魚は2〜3日目に旨みが増すとされてきましたが、近年の熟成はそれよりも長期間かけて行われ、魚の種類にもよりますが、長いものだと1〜2か月かけて熟成させます。

旬（しゅん）

個々の野菜、果物、魚介類などが一年を通じて最もおいしい時期。収穫の最盛期を指す場合もありますが、おいしい時期と一番獲れる時期が一致しない食材もあります。一般に魚は繁殖期の前に脂がのり、産卵期には卵に栄養を取られてしまうため、多くの魚の旬は産卵前とされます。寿司ネタにはマグロのように通年店頭に置かれるものもあれば、旬の時期だけ食べられるものもあり、旬の食材を知ると、ついついそれを目当てに寿司屋に行きたくなるものです。

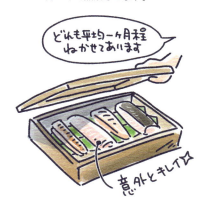

出世魚（しゅっせうお）

成長に伴い名前が変わる魚のこと。地方によってさらに独特な呼び方がありますが、以下が代表的なものです。

ブリ
- 関東：ワカシ(ワカナゴ) 10〜30cm → イナダ 30〜60cm → ワラサ 60〜80cm → ブリ 80cm〜
- 関西：モジャコ(稚魚) → ツバス 10〜15cm → ハマチ 20〜40cm → メジロ 50〜70cm → ブリ 80cm〜

カンパチ
- 関東：ショッコ 35cm以下 → シオゴ 〜60cm → アカハナ 〜80cm → カンパチ 80cm〜
- 関西：シオ 〜60cm → カンパチ 60cm〜

スズキ
コッパ(幼魚) → セイゴ 20〜40cm → フッコ 40〜60cm → スズキ 60cm〜

コハダ
シンコ 〜7cm → コハダ 7〜11cm → ナカズミ 11〜15cm → コノシロ 15cm〜

じゅんさい

水温が変動しにくい、水質のよい淡水（たんすい）に自生する水草。世界中に分布していますが、食用にしているのは中国と日本くらいで、若芽の部分を食べます。和食ではおつまみや椀ものとして珍重され、寿司屋でも初夏のおつまみの代表です。水質の悪化に伴い、国内の各地で絶滅危惧種（ぜつめつきぐしゅ）（p.127）に指定されており、田んぼを転用した沼での栽培が行われています。

順番

寿司職人がおまかせ（p.63）で握る場合は、個々の寿司の味がボヤけないように、白身やイカなどの淡白なものからスタートし、赤身、貝類、エビ、光り物などを間に挟んで玉子、アナゴなどの味の濃いネタを後半とし、最後は海苔巻きというパターンが王道です。おつまみをふんだんに盛り込んだおまかせでは、寿司と寿司の間に酢の物や焼き物、小さなお椀などが挟まれ、口の中がリフレッシュされます。お好み（p.61）の場合も食べ慣れた人は上記のおまかせに準じて理論的に食べることが多いのではないでしょうか。最後に好きなネタを食べるか、最初に好きなネタを食べるかについては、これをネタに呑めるくらい、結論の出ない議論ができます。

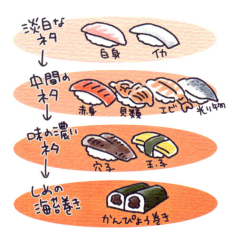

醤油

大豆、小麦、塩を主な原料とし、醸造により製造される発酵食品。たまり醤油、薄口、濃口、再仕込み（二段仕込み）、白醤油などがあります。醤油の起源については諸説あり、7世紀ごろに「醤」（草醤、穀醤、豆醤など各種）として伝わったとも、鎌倉時代に僧侶が中国から味噌を持ち帰った際、味噌からしみ出た「たまり」を調味料として使うことが伝わったともいわれています。江戸時代の初めまで、日本では主に関西地方で生産されたたまり醤油が使われていましたが、江戸の発展とともに、現在の主な醤油の産地である野田や銚子で、たまり醤油よりも生産効率のいい、濃口醤油がつくられるようになりました。江戸時代以前の寿司は、魚の保存のためにしっかりめに味がついていたといわれていますので、寿司に醤油をつけるようになったころには、関東の主な醤油は濃口醤油であったと思われます。回転寿司などでは、市販されている醤油の小さいサイズのボトルがそのまま置かれていますが、"江戸前寿司（p.56）"を掲げている店であれば、通常は醤油だけでなく、酒、みりん、昆布などを合わせて煮切り（p.155）をつくり、刷毛で握り寿司に塗って提供します。そのような店でおつまみ用にカウンターに用意されている醤油は、煮切りではなく、刺身に合うとされる濃口醤油、再仕込み醤油などをそのまま使うことが多いようです。

職人紹介所

寿司職人の就職や転職をあっせんする紹介所。職業紹介事業者として厚生労働大臣の許可を得た会社のことで、職場を探す寿司職人と、職人を探す寿司屋の双方が会費を払って登録し、マ

ッチングができるようになっています。職業紹介事業自体はさまざまな職業を対象としており、寿司職人以外の調理士やその他職業も業種ごとに会社があります。

女郎寿司(じょろうずし)

シャリの割にネタが大きすぎる寿司。ネタが皿に届いている状態が、着物の裾(すそ)を引きずっているようなのでそう呼ばれます。バランスが悪く、品がないとされてきましたが、シャリ少なめを好む客もいれば、大きなネタを売りにしている店もあり、好み次第といったところでしょうか。一方で、シャリが多い寿司も女郎寿司と呼ばれることがあります。こちらは、女郎の顔に白粉を厚塗りすることに見立てた呼び名です。

白魚(しらうお)

和	シラウオ
別	アマサギ、シラス
英	Icefish
旬	2〜4月

汽水域(きすいいき)(海水と淡水(たんすい)が混ざっている水域)に生息する魚。鮮度がいいと透明で、蒸したもの、冷やしすぎ、死んで時間が経ったものは白くなります。江戸時代には佃島(つくだじま)で漁が行われており、江戸前寿司の古典ネタで、『偲(しの)ぶ與兵衛(よへえ)の鮓(すし)』(p.190)にも描かれています。庶民である私には、白魚といえば軍艦巻き(p.87)でおろしショウガがのっているイメージですが、手の込んだ店では笹や大葉を使ってきれいに並べてから、海苔なしで握ります。味つけは生のものを昆布じめにしたり、桜の葉にのせて桜蒸しにしたりします。

白子(しらこ)

魚類の精巣を食用にする場合の名称で、主にタラ、タイ、ボラ、サケ、フグなどが食べられています。11月くらいから市場に白子が出始め、まもなく寿司屋にも旬のネタとしておつまみや握りで出始めます。一口に白子といっても魚によって形も調理方法も異なり、通常握りにされるのはフグとタラの白子です。タラの仕込みは1貫(かん)分の大きさに切り分けてからゆで、冷水に取って、水気を取り除いておきます。白子を湯でゆでずに昆布だしで火を入れると、食べたときに昆布の香りが残ります。回転寿司だと移動中に白子が落ちないように軍艦巻きにするのが一般的ですが、海苔なしで握ると白子だけの味を堪能できます。握る直前に炙(あぶ)ると皮が少し固くなって張りが出るので、外側がプチッと、中側がトロっとした食感になり、香ばしくて最高です。塩とスダチ、醤油とスダチなど、柑橘(かんきつ)と合わせます。

シラス

カタクチイワシの稚魚。シラスはアユやウナギ、イワシ、ニシン、イカナゴなどの、体に色素がなく白い稚魚の総称ですが、食用として販売されているもののほとんどがカタクチイワシの稚魚(ちぎょ)です。塩を加えた熱湯でゆで、水分を飛ばしたシラスを握りにします。鮮度がよければ生のまま食べられますが、獲って数時間で食べられるような特殊な環境に限られます。

じろうはすしのゆめをみる……す

二郎は鮨の夢を見る

「すきやばし次郎」の店主である小野二郎氏とその長男の禎一氏、次男の隆士氏を追った2011年公開（米）のドキュメンタリー映画（原題『Jiro Dreams of Sushi』）。日本では2013年に公開されました。完全予約制でおまかせ3万円からという、日本人でも一生食べることのない人がほとんどであろう高級寿司と、それを愚直に追求する職人を映画に収めたことで、国内外の多くの人がこのクラスの寿司を目にすることが可能になったのは、すばらしいことです。

©2011 Sushi Movie,LLC

白ねぎ

白ネギは脂のある魚の臭みを消すのにとても効果的なので、ネギトロ（p.156）やサーモン、アジなどと合わせられます。みじん切りにしてマヨネーズと和えたものをサーモンにのせて炙ると、サーモンが見事に変身します。

白身

筋肉が白い魚のこと。運動量の少ない、回遊しない魚が該当します。白身魚は海底や岩礁などに潜み、主にエサをとるときと敵から逃げるときに素早く泳ぐため、瞬発力を発揮する白筋繊維（白筋）を多く持ち、筋肉が白く見えます。寿司ネタの魚としてはタイ、ヒラメ、カレイ、アナゴ、キンメ、スズキ、フグ、キス、ノドグロ、ホウボウ、アイナメ、アナゴ類などが該当します。白筋は加熱により崩れやすくなるため、蒸したノドグロの寿司は握らずに皿で提供されます。

陣笠

寿司屋の符牒（p.168）でシイタケのこと。室町時代以降戦陣で使用され、後に武士の外出用の笠として使用されていたもので、シイタケがこれに似ていることからジンガサと呼ばれます。

新子

出世魚（p.111）であるコノシロ（p.91）の幼魚。本来新子という言葉は各種の魚の幼魚を指しますが、寿司屋で新子といえば4～7cmまでのコハダのことを意味します。出始めの新子は1kg

3万円以上で、高いときだと10万円を超えます。5枚づけなどにしますので、魚の原価だけで1貫1500円もします。魚体が小さいので、仕込むのはたいへんな手間がかかるのに、儲けがほとんど出ません。が、江戸前寿司にとってコハダは重要なネタ。さらに初物好きの江戸っ子とあっては新子を仕入れないわけにはいかないのです。私も毎年新子の時期には週末にいそいそと魚河岸に出かけては、新子を買って練習しますが、新子はあっという間に大きくなるので、1週間もするとサイズが全然変わってしまいます。5枚づけの練習なんて年に2日くらいしかできず、なかなか上達しません。

ジンタン

マアジの新子。背開き（p.128）にして、丸づけ（p.182）で握れるサイズのものを使います。

新米

新米と古米の区別について、明確な定義はないものの、古米が前年に収穫された米を指し、新米はその年に収穫された米を指します。ただし、JAS法に基づき、精米の場合は収穫年の年末までに精白および包装された精米のみ、新米と表示することが可能です。新米は水分が多く、粘りが出てしまうため、寿司屋では一般に新米は使わず、早くても翌年の春くらいから使い始めます。

酢

合成酢

大正時代に製造が開始された酢で、石油や石灰を原料として合成した氷酢酸または酢酸を薄め、砂糖や酸味料などを加えて製造したもの。合成酢に対して醸造によりつくられた酢を醸造酢といいます。醸造酢には酢酸以外の有機酸やアミノ酸が含まれるため、合成酢の味は醸造酢に及びませんが、戦争を機に日本では1937（昭和12）年から1953（昭和28）年まで米を原料として酢を造ることが禁止されたため、一時的に市場を合成酢が占めるようになりました。戦後の混乱が終わると醸造酢の製造が持ち直し、合成酢の生産は年々減っていきました。また、調味料が量り売りであったことから醸造酢の空容器に合成酢が詰めて売られたことがあり、表示に関する混乱が発生し、1970（昭和45）年に「食酢の表示に関する公正競争規約」が定められてからは、氷酢酸や酢酸を少しでも加えた酢には合成酢と表示することが義務付けられました。戦後の混乱期には合成酢が使われた事もあったかもしれませんが、現代ではほとんど生産されておらず、寿司屋でもまず使われません。

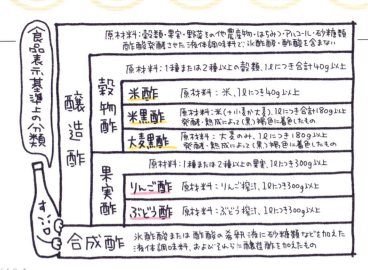

穀物酢

醸造酢のうち、原材料として1種以上の穀類を使用したもので、その使用総量が醸造酢1リットルにつき40g以上のものです。穀物酢に含まれる穀類のうち、米が40g以上であれば表示は米酢になります。穀物酢のうち、米酢、米黒酢、大麦黒酢のいずれでもないものは穀物酢と表示されます。穀物には酒粕も含まれるので、酒粕が40g以上使われた粕酢は穀物酢で、酒粕と米の両方を使用し、米の使用量が40g以上のものは米酢と表示されます。

米酢

穀物酢のうち、原材料として米の使用量が穀物酢1リットルにつき40g以上のものです（ただし、米黒酢を除く）。

醸造酢

穀類（酒粕を含む）、果実、野菜、その他農産物、はちみつ、アルコール、砂糖類を原料に酢酸発酵させた液体調味料であり、かつ、氷酢酸または酢酸を使用していないものです。醸造酢のうち穀物酢、果実酢のいずれでもないものは醸造酢と表示されます。

赤酢

赤酢の公式な定義はありませんが、一般的には熟成した酒粕を原料として醸造した粕酢の中で、赤っぽい色をしたをものが赤酢と称して販売されています。粕酢の中で純酒粕酢と表記されているものは、原料に清酒や醸造アルコールを含まず、より濃厚で高価な傾向にあります。江戸前寿司ではシャリに赤酢を使っていたことが、近年一般に知られるようになるとともに、赤酢をシャリに使う店が増えており、2018年からは回転寿司チェーンのスシローでも赤酢を使うようになりました。赤酢はアミノ酸が豊富なため、砂糖を減らすか、もしくは加えずに合わせ酢（p.44）をつくることができます。そのため、赤酢のシャリは健康的であり、かつ、お酒に合います。お店によってはシャリだけを味わわせてくれたり、シャリに潮汁（あら汁p.44）をかけて出してくれたりします。また、ネタによって異なる酢でつくったシャリを合わせたり、目の前で炊きたてのご飯に赤酢を合わせてくれる、などなど。このように酢やシャリに対するこだわりを見せてもらえると、客としても満足度の高い時間になります。赤酢はシャリだけでなく、魚をしめるのにも使われますし、赤酢を煮詰めるとバルサミコ酢のようになるので、白身の握りにのせられたりします。

粕酢

酒粕を原料としてつくられる酢。江戸時代にミツカンの創業者である中野又左衛門が発明し、愛知県半田にて製造を開始しました。江戸前寿司が流行りだしたころは米酢が使われていましたが、米酢は高価なものでした。造り酒屋であった中野又左衛門にとって、酒粕はいわば酒をつくる際にできる副産物。酒粕から粕酢をつくって売れば儲けることができますが、一方で醸造中の酒に酢酸菌が混ざると酒がすべて酢になってしまうため、酒屋が酢をつくるのはチャレンジングなことでした。粕酢づくりに成功した中野又左衛門は粕酢を尾州半田から弁才船で江戸に運び販売しました。粕酢は安価でその旨味がシャリによく合い、江戸前寿司の流行を支えました。長時間熟成させて茶色くなった酒粕を使って醸造した粕酢は、赤っぽい色をしていることから赤酢とも呼ばれ、これを使ったシャリは山吹色になります。江戸では粕酢を使った握り寿司がつくられていましたが、酒粕は次第に高価なものとなり、また戦時中には食用米を確保するために酒米の製造が削減され、粕酢の製造も困難になりました。さらに、戦後の食糧難で輸入された米の一部がカビにより黄色く変色しており、赤酢を使ったシャリを黄変米と疑う客がいたため、多くの店で赤酢から白酢へ変更しました。現在では粕酢より米酢を使用する寿司屋が多いですが、関東の老舗や一部の高級な寿司屋などでは今でも粕酢が使用されています。

ワインビネガー

ぶどう果汁を原料とする酢。一般的に寿司には使いませんが、海外などで米酢が入手できない場合にはホワイトワインビネガーで代用できます。ただし、あまりにも香りのいいものだと寿司飯には合わないので、廉価なものがよいです。

赤酢與兵衛

横井醸造工業株式会社が製造する赤酢で、原料は酒粕のみ。與兵衛は製造に年月がかかり少量生産のため、業務用のみで一般の方が購入することはできません。同社が製造する別の赤酢（原料に酒粕以外を含む）に江戸丹念酢、金将、琥珀、珠玉などがあります。

©横井醸造工業株式会社

潤朱

三重県にある御蔵酢の醸造元、株式会社MIKURAが製造する赤酢。アルコールと3年熟成の酒粕を原料としており、木桶で時間をかけて仕込んでいます。色は赤酢としては比較的薄めですが、旨味をしっかり持つ酢です。

©株式会社MIKURA

きんしょう 米の酢

横井醸造工業株式会社が製造する赤酢で、酒粕、米、アルコールを原料とする酢。業務用サイズもあり、有名寿司店でもよく使用されています。

©横井醸造工業株式会社

純米富士酢
京都の飯尾醸造が製造する米酢です。ラベルの赤富士が目をひく酢です。京都・丹後の山里で農薬を使わずに育てた米でつくった静置発酵の酢で、まろやかでおいしいです。通常の米酢から想像できない褐色の液体で、旨味がたっぷりなので、塩を加えたときに、味の深みが他の米酢とまったく違います。シャリがおいしくなる酢です。

富士 手巻きすし酢
京都の飯尾醸造が製造する、富士酢プレミアムという米酢に、一般に流通させていない赤酢をブレンドしてつくられています。以前は富士赤すし酢の名称で販売していたもの。砂糖を含まず、赤酢の旨味が生きた寿司酢で、量販店に一般に流通している甘いすし酢が苦手な人向けです。

白菊
ミツカンが「寿司に合う米酢」として販売している業務用の米酢です。

©株式会社Mizkan Holdings

山吹
ミツカンが製造する赤酢。酒粕だけを原材料とした濃厚な三ツ判山吹と、アルコールも使用している業務用のみ販売されている山吹があります。アルコールを含むミツカンの赤酢は他にも優選、特醸優選などがありますが、いずれも業務用のみの販売です。三ツ判山吹は江戸時代に流行った、赤酢の握り寿司に使われた酢そのもの。現在でも当時に近い製法でつくられています。甘みも旨味も濃厚で、砂糖なしでシャリをつくってもおいしくいただけます。

©株式会社Mizkan Holdings

但馬の赤酢
但馬醸造所が製造する赤酢。国産純米粕のみを原料としています。但馬醸造所は兵庫県養父市にある廃校となった旧西谷小学校を工場として2008（平成20）年に創業した新しい会社。旨味たっぷりの優しい酢です。

©日の出ホールディングス株式会社

優選
ミツカンが製造する業務用の粕酢。酒粕を主原料にしたコクのある赤酢で、赤酢特有の濃い色が特徴です。

千鳥酢
京都の村山造酢が製造する米酢。米酢の中でもまろやかで甘みがあるため、寿司屋を含め和食の料理人に重宝されている酢です。酒粕が使われているので香りの良さが際立ちます。

©村山造酢株式会社

©株式会社Mizkan Holdings

酢洗い

アジなどの魚の臭みを抑え、保存性を高めるために行う仕込みの1つ。酢を水で3：7くらいに薄めた液に魚をくぐらせて、取り出した魚の水分を布巾でよく拭き取ります。基本的に臭いのある青魚に対して行いますが、酢には殺菌効果もあるので、貝類に対しても行います。一瞬の処理ですが、青魚を劇的に食べやすくします。酢じめとは異なり、酢を薄めて使い、短時間漬けるだけなので、魚に酢の味は移りません。

炊飯器

シャリを炊く道具。店の規模や方針にもよりますが、寿司屋では通常数升を一度に炊ける大きなガス釜が使用されます。店によっては店内で炊かずに炊飯センターなどでシャリを購入することもあります。

数字

数を表現するための記号および文字で、寿司屋の店員同士では符牒（p.168）を使って伝えられます。注文の数を伝えるときはもちろん、時間など、各種数字が符牒で表されます。例えば、ランチ時にお客が来たものの、満席のため、しばらくしてから再来店されるという場合、「2時ごろお戻りです」という代わりに「リャン時ごろお戻りです」となります。

【例】
0＝やま（寿司屋には山のものがない）
1＝ぴん（ポルトガル語の「点＝pinta」）
2＝りゃん（中国語の「2＝両」）、ののじ
3＝げた（下駄の鼻緒の穴の数）、きり
4＝だり（駕籠かきの使う符牒）
5＝めのじ（漢字「目」の画数）、がれん
6＝ろんじ（6の字）
7＝せいなん（時計の7時の方角）
8＝ばんど（はち→はちまき→バンド）
9＝きわ（1の位の端）
10＝ぴんまる、ぴんころ
11＝ぴんぴん、あさ
12＝ちょんぶり
13＝そっきり
14＝そくだり
15＝あの
16＝そくろん
17＝そくせい
18＝そくばん
19＝そくきわ

梳き引き

柳刃包丁を使って魚の鱗を取る手法。細かくて薄い鱗を持つ魚や、鱗がしっかり皮についていて鱗引きで魚の身に圧をかけたくない魚などをおろす際に行います。具体的にはヒラメ、カレイの仲間とブリが一般的です。まな板の魚の尾の方から鱗の下に歯を当てて、前後に大きく歯を動かしながら頭側に刃を進め、鱗とそのすぐ下の薄皮を取っていきます。

杉本刃物

東京都の築地場外市場にある老舗の刃物店。1908（明治41）年創業。包丁の良し悪しは、製法や金属の質を聞いても素人にはわかりにくいものですが、この会社のホームページの商品紹介には、素人が勘違いしがちな点について簡単な注意書きがあり、誠実な会社だなと思います。

©杉本刃物株式会社

杉盛り

食品を山型にうず高く盛りつける、和食の盛り付け方です。小鉢の和え物や酢の物の盛り付けに使われますが、江戸時代には寿司を積んで杉形に盛り付けました。もともと押し寿司を積んで盛り付ける習慣があり、握り寿司も同様に盛り付けるのが品のある方法とされました。現在行われている流し盛り（p.152）は、当時は遊郭での出し方とされ、「品がない」とされたそうですが、いつの間にかこれが主流に変わったようです。味覚は盛り付けにも影響されるものですが、現代人にとっては、見慣れた流し盛りの方が、杉盛りよりおいしいと感じるかもしれませんね。

助六

稲荷寿司と海苔巻きの詰め合わせのこと。名前の由来には諸説ありますが、市川團十郎家のお家芸として人気の歌舞伎十八番「助六所縁江戸桜」が流行った当時、江戸では贅沢を禁止する倹約令のため、魚の代わりに油揚げと海苔巻きの詰め合わせ「揚巻」が親しまれており、「助六」の恋人である花魁の名前「揚巻」から転じて折詰が「助六」と呼ばれるようになったのだとか。

須古寿し

佐賀県杵島郡白石町の須古地区に伝わる郷土料理。もち米を1割ほど入れて寿司飯をつくり、

もろぶたと呼ばれる木箱に寿司飯を敷き詰め、酢飯をほぼ正方形に等分し、具材をのせます。具材には、ムツゴロウの甘露煮、奈良漬け、甘辛く味付けされたシイタケ、ゴボウ、エビ、紅ショウガ、カマボコ、デンブ、錦糸玉子などが使われます。

鮓

寿司を表す漢字の1つで、中国から日本に伝わった当時のなれずし（p.154）を表す中国の古い漢字。中国の3番目に古い辞書である『釈名』に、「鮓とは菹（漬け物）の意」、「鮓とは塩と米で醸すつけもので馴れたら食べる」と、書かれていることから、なれずしを意図するものであったことがわかります。

鮨

寿司を表す漢字の1つで、鮓と同じく、中国から日本に伝わった当時のなれずし（p.154）を表す中国の古い漢字。「鮨」は中国最古の辞書である『爾雅』に、「魚は之を鮨といい、肉は之を醢という」とあり、2番目に古い辞書である『説文解字』には「鮨は魚の胎醤（塩辛）である」とあり、もともとは魚の塩辛をさす言葉でした（醢は肉の塩辛）。ところが、中国の三国時代（220〜265年）に出された『爾雅』の増刷版『広雅』に、「鮤・䰻・鮨は鮓なり」と書かれ、鮨=鮓とされ、鮨と鮓を区別しなくなっていることがわかります。日本に伝わった奈良時代にははじめからどちらの字も寿司を意味する漢字として使われていました。平安時代から室町時代までの寿司はなれずしであり、これにはどちらかといえば「鮨」の字が当てられており、室町時代になって生なれ（p.154）や早寿司（p.163）が登場すると、鮓の字が当てられることが多くなります。江戸時代になって現代の握り寿司に近いものがつくられるようになると、今度は鮨の字が多く使われるようになり、寿司の認識が変わるごとに使われる漢字が変化していきます。

寿司

酢飯と魚介類や野菜を合わせた日本料理。漢字は江戸時代末期につくられた和製漢字で、寿司がお祭りや祝い事などに用意にされることから縁起を担いで、寿を司るの意味でこの字が当てられたとされます。

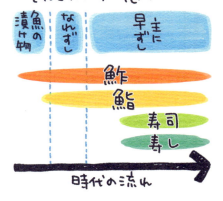

それぞれの字の意味するもの

すし石垣

「すし石垣」の名前で活動する埼玉県出身のプロゴルファーで、本名は石垣聡志さん。名前には「すしは日本を代表する食べ物。ぼくも日本だけで終わりたくない」という願いが込められています。

©JGTO

す
し
う
り
の
う
た
　
…
…
…
…
…
す
し
だ

すし売りの歌

江戸期の歌で「坊主だまして還俗させて、小肌のすしなど売らせたや」というのがあります。昔の坊主は美男が多かったので、寿司を売らせてみたいということなのですが、これは実は替え歌であり、元の歌は『天言筆記』[1846（引化3）年］の「坊主だまして還俗させて、稲荷のすしでも売らせたや」という歌です。堕落した僧侶を稲荷信仰でよみがえらせればいいという、宗教をからかう意図があるといわれています。当時の稲荷寿司は海苔巻きなどのように細長く、1本16文、半分8文、1切れ4文と切り売りされていました。細長い稲荷寿司は、埼玉県熊谷市妻沼の郷土料理として現存しています。ちなみに稲荷寿司をコハダに変えてしまったのは、江戸っ子がコハダ好きだったためと推測されます。

寿司桶

一般家庭においては、炊き上がったご飯を入れ、合わせ酢を混ぜてシャリをつくるための木製の桶を寿司桶といいます。寿司屋では別名、飯切（p.165）などの呼び名の方が一般的で、桶というと店舗や出前で寿司を盛り付けたり、ちらし寿司を入れて提供する漆やプラスチック製の器を意味します。木材には一般にサワラやヒノキが使われます。

関連語 おひつ（p.62）

寿司折

折箱と呼ばれる箱に詰めた寿司のこと。寿司折と聞くと日本人なら誰もが、ひもをつまむように持ち、ほろ酔いで帰宅するお父さんをイメージしてしまうのではないでしょうか。でも、買ったことのある人は意外に少ないはず。店にもよりますが、お願いすると折詰をつくってもらえます。時間がかかるので事前にお願いするのがマナーです。

スシオロジー

寿司を自然科学的、かつ歴史地理学的に分析し、吟味する学問。篠田統氏（p.108）によると推測される造語です。またSushiologyの綴りで、アメリカやイギリスなど、海外に複数の異なる日本食料理店が存在します。

すし検定

全国すし連（p.128）が運営する、寿司に関する知識を問う検定。出題数25問からなり、20問以上の正解で合格。合格証が発行されます。

筋子
すじこ

サケの卵です。イクラは、筋子の筋を取ってバラバラにほぐしたもの。ボウルに湯を張り、筋子を入れてグルグルとかき回ぜれば簡単にほぐれます。網を使う方法もありますが、湯を使った方法で、ほぐしたての温かいままのイクラをサッと煮て切りつけ、手巻き寿司にしたものは最高です。お客に筋子を見せ、その場でほぐしてくれる店もあります。筋子を完全にほぐさず、少し広げて余分な筋や血管を取ったものを煮切り(p.155)に浸し、握りのサイズに切り取ったものを握ることも可能です。海苔を使わないので、イクラの味だけを楽しむことができます。旬の時期だけの握りなので、同じく旬の、柚子の皮を削ったものをシャリにまとわせるとさわやかに。

筋子巻き
すじこまき

筋子の細巻き。呑兵衛のための海苔巻きです。最初のツマミにも、シメの海苔巻きとしても◎。

寿司職人養成学校
すししょくにんようせいがっこう

学校教育法における専門学校に該当しない、寿司職人になるための技術習得に特化した学校。こうした学校が近年設立され、飯炊き3年握り8年といわれた寿司職人の修業(p.110)に関する認識を大きく変えています。東京すしアカデミー(2002年設立)、名古屋寿司カレッジ(同2014年)、ジャパンすしカレッジ(同2016年)など、いずれも頻度により数か月から1年ほどのカリキュラムが設定され、勤務経験のある寿司職人の講師から寿司に関連する技術を一通り学ぶことができます。寿司店に弟子入りし、日々自分の仕事をしながら親方を見て技を盗まないと、手取り足取り教えてもらえないのが普通である職人の世界に比べ、短期間でていねいな授業が受けられる点が最大の魅力といえます。一方で、学校では実際の寿司屋のオペレーションを経験することはできません。寿司職人は他の料理人と異なり、カウンター越しにお客とコミュニケーションを取りながら調理する必要がありますので、こういった経験は実店舗で修業した方が得られると考えられます。

寿司打
すしだ

ローマ字入力用の無料のタイピング練習ゲーム。画面に回転寿司の皿が流れてきて、皿が流れてしまう前に画面に指示された文字をタイプできると寿司を食べることができます。制限時間内にどれだけたくさん食べられるかを競います。

すしはね

寿司用に販売する海苔を選別する過程で、裂けや穴のためにハネられた海苔をすしはねといいます。寿司海苔に比較して安価ですが、寿司海苔用の海苔なので、おにぎり用として売られているものよりも上等です。

鮨ほど旨いものはない

BSテレ東が制作した番組で2015年の放送。現在も動画サイトで視聴可能です。笹野高史、西岡徳馬、神保悟志の3名がそれぞれ北海道（鮨一幸）、福岡（天寿し）、東京（鮨ます田）の高級有名寿司店を訪問し、20貫ほどからなるおまかせのすしを2時間にわたって食べるだけなのですが、美しい寿司が1貫1貫しっかりと画面に収められ、随所に一流職人の手元や仕込みの様子が映るため、職人見習いには永久保存版の番組です。

[関連語] 漫画（ごほうびおひとり鮨 p.183）

酢じめ

魚に塩を当てて脱水した後、酢に浸して酢を浸透させ、魚の臭みを抑えるとともに保存性を高める仕込み（p.107）。基本的に光り物（p.165）に対して行う処理ですが、クルマエビも黄身酢おぼろ（p.83）でしめることがあります。昔は保存性を高めることが主目的であったため、酢に長時間漬けて強めにしめていましたが、現代は冷蔵技術が発達しているため、職人の好みによってしめ加減に幅がかなりあります。特に江戸っ子の好物とされたコハダ（p.92）は、現代においても寿司好きを自称する多くのマニアの好物ですので、彼らにとって酢じめの塩梅を見るのは、その店の仕事レベルを見定めることのように捉えられています。

鱸（すずき）

- 和 スズキ
- 英 Japanese sea bass
- 旬 5〜8月

血合いがほとんどなく、切り身が真っ白な魚。寿司ネタとしても登場しますが、刺身や洗いでおつまみに出てくることも多いです。握りの場合、皮は引いて使う以外にも、つけたまま炙って使われることもあります。やわらかく甘い身は夏を代表する寿司ネタです。

すずめ開き

魚を頭も含めて背中側から1枚におろすことを見た目からすずめ開きといいます。干物にする場合の一般的なおろし方ですが、アユやサンマ、コノシロなどを丸ごと1匹使った郷土寿司では魚をすずめ開きで使います。

スダチ

ミカン科の柑橘で徳島県原産。旬の8〜10月は1個数十円で手に入りますが、真冬の間は秋に採ったものの冷蔵品が流通し、春〜初夏にかけてはハウス栽培のものが1個200〜300円で販売されます。和食全般で果汁を酢の代わりに用いる他、刺身やサンマ、松茸に果汁をかけて食べるために切ったものが添えられます。白身、甲殻類、イカ、貝、アナゴなど、幅広い寿司ネタと相性がよく、江戸前寿司では握りに煮切りを塗った後にスダチの果汁を垂らしたり、スダチを垂らしたあとに塩をのせたりして出されます。

関連語 柚子(p.192)

簀子

従来、寿司屋のカウンターの中には簀子が敷いてありました。床に落ちた魚やご飯粒を水で流して掃除するのに便利であったり、立ち仕事の足を疲れにくくする目的がありましたが、毎日の掃除の際には簀子も清潔にしなくてはならず、掃除がたいへんです。店主の好みや、新しくつくられた店では使っていない場合もあります。また、ネタケースには氷の上に小さい簀子を敷いて、その上に魚をのせたりします。

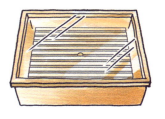

スパイシーツナロール

スパイシーなソースを使った裏巻きの鉄火巻き(p.146)。ソースにはコチュジャン、もしくはチリソース、豆板醤、タバスコなどのスパイシーなものと、マヨネーズ、ゴマ油、ネギなどを入れます。あらかじめソースを絡めたマグロの他、キュウリやレタス、アボカドなど、好みの野菜を半切りの海苔で巻きます。皿に盛る際にさらにソースをかけることも多いです。アメリカではかなり一般的な海苔巻きで、スーパーの惣菜コーナーの定番です。

スパイダーロール

ソフトシェルクラブの素揚げをスパイダーに見立てた中巻き(p.143)。ソフトシェルクラブは片栗粉を付けてサラダ油で揚げます。マヨネーズ、キュウリ、カイワレ、レタスなどと一緒に巻きます。ソフトシェルクラブの脚を大胆にはみ出させることがおいしく見せるコツで、そのため海苔を縦方向にして中巻きにします(イラストは裏巻き[p.55])。お皿にソースで蜘蛛の巣を描くと、よりスパイダーらしくなります。

スモークソルト

燻したり、くん液を使うことで風味をつけた塩。サーモンで握りをつくってスモークソルトをのせるとスモークサーモンのような味わいになります。腹身のサーモンの握りを炙ってからスモークソルトをのせれば非常にジューシーな寿司になります。サーモン以外にも、ホタテ、イカ、ゆでエビなど燻製の合う食材にはなじみがいいです。お寿司以外にも魚料理、ゆで卵、肉類のソテーなどに合います。

マルドン スモーク
シーソルト
©株式会社鈴商

燻味塩
©萬有栄養株式会社

すもじ

寿司屋の符牒で寿司を表す言葉。別名おすもじともいいます。もともとは室町時代以降に宮中に仕える女性の間で使われた女房詞の一つ。多くの女房詞は言葉の頭に「お」をつけたり、頭文字だけをとって語尾に「もじ」をつけることで構成されており、鮓の「す」＋「もじ」で「すもじ」。ちなみに杓文字も同様に「杓子」の「しゃ」＋「もじ」で「しゃもじ」となります。

背上

マグロをコロ(p.96)にしたときの背中側の一番頭に近い側を背上といいます。背中側の身では真ん中に次いで高値がつきます。皮側に近い部分で中トロ、中心部分で赤身が取れます。背上と背中の部位からは「ヒレ下」や「わかれみ」と呼ばれ、1匹から5％ほどしか取れない、希少でおいしい部位が取れます。背中側で取れるトロに背トロとも呼ばれます。

背下

マグロをコロ(p.96)にしたときの背中側の尾側の部分。体の中で一番動いている部位なので筋が強めです。が、筋の間の身をねぎる(p.156)と、ネギトロ(p.156)が取れます。

	IUCNのカテゴリー	略称	環境省でのカテゴリー
Extinct 絶滅種	Extinct	EX	絶滅
	Extinct in the Wild	EW	野生絶滅
Threatened 絶滅危惧種	Critically Endangered	CR	絶滅危惧IA類
	Endangered	EN	絶滅危惧IB類
	Vulnerable	VU	絶滅危惧II類
Lower Risk (LR) 準危急種	Near Threatened	NT	準絶滅危惧
	Least Concern	LC	(該当なし)
Other Categories	Data Deficient	DD	情報不足
	Not Evaluated	NE	(該当なし)

いわゆる"絶滅危惧種"

環境省では上記以外に、地域的に独立している個体群で、絶滅の恐れがある種を「絶滅の恐れがある地域個体群 Threatened Local Population (LP)」に定めています。
環境省でのカテゴリーはIUCNに準じていますが、詳細は異なります。

絶滅危惧種(ぜつめつきぐしゅ)

絶滅の危機にある種のこと。それらの種をまとめたものをレッドリスト(正式名称は「絶滅のおそれのある種のレッドリスト」)といいます。代表的なものはスイスのグランに本部を置く、IUCN(国際自然保護連合)が作成しており、他にも各国、各地域のものがあります。主な寿司ネタとなる種のうち、IUCNのレッドリストで絶滅危惧種に該当するものは、各カテゴリーごとにCR:Southern bluefin tuna (ミナミマグロ)、EN:Atlantic bluefin tuna (タイセイヨウクロマグロ)、Japanese eel (ニホンウナギ)、VU:Pacific bluefin tuna (クロマグロ)、Bigeye tuna (メバチ)、Longtooth grouper (クエ)、Golden threadfin bream (イトヨリダイ)などがあります。日本においては、農林水産省の水産庁が、水産資源として流通している一般的な魚類(マダイ、マサバなどごく一般的なもの)と、小型鯨類など合計94種を評価し、環境省がクロマグロなどの多国間協定で評価される種と、水産庁が評価する種を除いた種を評価しています。2019年現在、主な寿司ネタとなる種のうち、環境省のレッドリストで絶滅危惧種に該当するものは、絶滅危惧IA類(CR):アオギス、絶滅危惧IB類(EN):ニホンウナギ、ニゴロブナ、ゲンゴロウブナ、絶滅危惧II類(VU):ハマグリ、ミルクイ、準絶滅危惧(NT):ホシガレイ、絶滅のおそれのある地域個体群(LP):瀬戸内海のアイナメ、有明海のスズキなどです。他にも、都道府県で作成するレッドリストがあり、国単位では見えてこない危機を明らかにしています。

せなか‥‥‥ぜんべいさくらまつり

背中(せなか)

マグロをコロ（p.96）にしたときの背中側の真ん中の部分。背側の脂のノリは、上＞中＞下の順ですが、腹と違って頭から尾までそれほど差がありません。一方で上は筋が太く、下は筋が細く、真ん中が一番筋がかからず、歩留まり（p.168）もいいので高値がつきます。

背開き(せびらき)

魚の背中側から包丁を入れ、腹側の皮を繋げたまま1枚の開きにすること。アジ、キス、カスゴなどは腹開きでおろしておくと、酢じめや昆布じめの作業が効率的に行えます。小ぶりのアジであれば、3枚おろしにするよりも背開きで仕込んだ方が効率的です。マアジの新子であるジンタン（p.115）であれば、背開きの1匹を丸づけにします。

全国すし連(ぜんこくすしれん)

正式名称を「全国すし商生活衛生同業組合連合会」という寿司店の組合。各都道府県およびワシントン・イタリアミラノ組合からなり、2万人を超える会員で構成される、寿司業界としては最大の団体。全国共通すし券の発行、全国すし技術コンクールの実施、すし検定などを通して、業界の発展と日本文化の振興に取り組んでいます。

旋尾線虫(せんびせんちゅう)

1974年に初めて発見された寄生虫。ホタルイカの2～7％に寄生しており、生のホタルイカが流通するようになったことから、1987年以降各地で食中毒症例が認められるようになりました。アニサキスと異なり消化管だけでなく、皮膚にも移行してしまうため、軽視できない寄生虫とされています。ホタルイカだけでなく、スルメイカ、ハタハタ、スケソウダラ、アンコウなどの内臓に寄生し、体長5～10mm、体幅0.1mmほどで、アニサキスと異なり肉眼での確認が困難です。

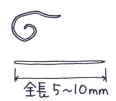

全米桜祭り(ぜんべいさくらまつり)

ワシントンD.C.で開かれる桜まつりのレセプションでは、毎年全国すし連からボランティアで参加する寿司職人が寿司を握ります。
HP：https://nationalcherryblossomfestival.org

たい……だっことばし

鯛
- 和 マダイ
- 別 オオダイ、ホンダイ
- 英 Red seabream
- 旬 11〜4月

別名、"百魚の王"ともいわれるタイ。養殖が増え、他の白身にやや押されている印象ですが、旨味と甘味、弾力、香り、味わいどころの多い寿司ネタです。厚めに切りつけて飾り包丁（p.72）を入れると歯ごたえを生かして食べられます。皮目がおいしいので湯引き（p.193）で握ることが多いですが、皮をギリギリのところで引いた色は「和」を象徴するような淡いピンクで、舌触りも滑らか。どちらも捨てがたいので、私は半身ずつで両方をつくります。塩だけで旨味を熟成させてもいいですし、昆布じめ（p.93）もいいです。煎り酒（p.50）や柑橘もよく合います。

大東寿司

沖縄県大東諸島に伝わる郷土料理。大東諸島周辺産のサワラを醤油、みりん、砂糖でつくったタレに飴色になるまでつけ、甘めのシャリで握ります。八丈島や小笠原諸島に伝わる島寿司（p.108）と類似しており、八丈島から移住してきた人々により伝えられたとされています。魚にはマグロやカジキなども使われます。

大名おろし

魚を3枚におろす方法。3枚おろし（p.105）ではそれぞれ腹側と背側から中骨に沿うように刃を入れてから、中骨と身を外すのに対し、大名おろしでは頭を落とした後、背骨と中骨の上に、

ざっくり

切り口に対して垂直に刃を入れ、尾に向かって身を一気に外します。工数が少ないので早くおろせますが、中骨に身が多く残ります。身が多く残る、贅沢なおろし方であることから、大名おろしと呼ばれます。大型の魚は中骨に厚みが出ますので、身のロスが大きくなります。そのため通常、数を多く扱う小型の魚（キス、サヨリ）や、魚体の薄い魚（サンマ、カマス、タチウオ）に対して行います。

平貝

- 和 タイラギ
- 別 タチガイ、ヒランボ、エボシガイ
- 英 Pen shell
- 旬 12〜3月

大きなものは全長30cmにもなり、巨大なムール貝のような、三角の形をした二枚貝で、貝柱を握りにします。硬めの身はサクサクと独特の歯切れのよさがあり、磯の香りがさわやかです。旨味に濃く、貝臭さがないので、貝が苦手と思い込んでいる人にオススメ。シャリになじむように飾り包丁を入れるので、刃の入れ方を見るのも楽しみの1つです。ヒモの部分はポン酢で食べたり、日本酒で炒ったりしておつまみにします。

どじゃあ

高菜巻き
たかなまき

大分県日田地方に伝わる郷土料理。海苔の代わりに広げた高菜漬けを使い、寿司飯と山芋、納豆、ネギなどを巻いた巻き寿司。よい組み合わせであることは想像しやすいですが、大分では、これに九州の甘い醤油をつけていただきます。高菜の塩気で醤油なしでも食べられますが、ぜひ甘い醤油有りのバージョンも食べてみてください。

蛸
たこ

和	マダコ
別	イワダコ、イシダコ、イソダコ
英	East Asian common octopus
旬	三陸11〜1月、瀬戸内6〜9月

ミズダコ（p.185）も産地の北海道ではマダコと呼ばれますが、別ものです。マダコは塩や大根おろしでよくもみ、ぬめりを取ってから、番茶やほうじ茶で15分ほどゆで、氷を入れた酢水に浸して色止めをして仕込みます。脚の内側の柔らかい部分だけ皮を外し、残りの部分を削ぐように切りつけて寿司ネタにします。

田子寿し
たごずし

静岡県西伊豆町の田子地区に伝わる郷土料理。箱にミョウガの葉を敷き、寿司飯をのせ、かんぴょう、シイタケ、こんにゃくを甘辛く煮付けたものをのせ、さらに寿司飯とミョウガの葉で挟んで押した箱ずしです。

立ち
たち

寿司屋では、カウンターで寿司を食べることを「立ち」といいます。立食い寿司はもちろんですが、カウンターの椅子に座っていても「立ち」です。大正から昭和の時代にかけて、内店（p.152）の寿司屋が屋台にならって店内にカウンターを設置するようになりました。また戦後には、衛生上の理由で屋台が禁止されたことに伴い、屋台を持っていた人もカウンター付きの店舗を持つようになりました。これらのカウンター付きの店舗では、最初は屋台のときと同じように店内のカウンターで立食いをしていて、次第に椅子を置くのが普通になりました。立食いだったころの名残で現在でもカウンターに座って食べることを「立ち」といいます。

だっこずし

回転寿司チェーンのスシローのキャラクター。パンダやウサギなどの各種動物が寿司ネタを抱きしめています。寿司ネタが大好きすぎて、何があっても離しません。

たづなずし………ちあん

手綱寿司

具材を薄く切って斜めに並べ、その上に寿司飯をのせて巻いた巻き寿司で、馬の手綱に似た模様であることから手綱寿司と呼ばれます。サヨリやエビ、キュウリ、薄焼き玉子などの具が使われますが、手毬寿司と同様にいろいろな具材を使ってアレンジされます。平安時代に作成された『延喜式』という法令集に手綱鮨の文字がありますが、当時の寿司といえばなれずしであり、この本に書かれた手綱寿司がどのようなものであったかは明らかではありません。

立て返し

握り寿司の握り方の名称の1つ。立て返しでは、左手のネタにシャリをのせてネタとシャリをなじませた後、左手の親指と手のひらで寿司を挟み、右手の人差し指と親指でシャリを支えながら左手を内側に回転させて右手にいったん寿司を預けます。その後すぐに左手をシャリの下に回して受け取ることで寿司の上下をひっくり返します。ネタに触れる時間が短いのと、シャリになじみにくいネタでも、返したときにシャリと離れにくいのがメリットです。

関連語 小手返し(p.90、132)、本手返し(p.175)

伊達巻き

伊達巻きと聞くとおせちに入れる伊達巻き玉子を想像されるかもしれませんが、その伊達巻き玉子で巻いた伊達巻き寿司もまた、伊達巻きと呼びます。現代の標準的な伊達巻きは、すり身の入った厚焼き玉子にすだれで巻きぐせをつけておき、焼いた面を上にしてシャリをのせ、具には海苔と煮付けたシイタケ、おぼろ、かんぴょう、キュウリなどを巻きます。江戸時代の資料から、当時は寿司飯に海苔と刻んだかんぴょうを混ぜ込んだものを玉子で巻いて伊達巻きがつくられていたことがわかります。

タネ

寿司の材料となる魚介類のこと。寿司屋で使われる魚介類は本来、タネ(種)が正式名称であり、ネタは符牒(p.168)でしたが、あがりやガリのように符牒が一般的になってしまいました。

玉子焼き

溶き卵とその他の材料を合わせて玉子焼き器で焼いたもの。寿司屋における玉子焼きは大きく分類して2種類あり、1つは溶き卵とだし汁、調味料を材料とするだし巻きで、もう一つは溶き卵、芝エビもしくは魚のすり身、調味料でつくる、ケラ玉(p.88)と呼ばれるものです。江戸時代は寿司屋の玉子焼きといえばケラ玉でしたが、調理にたいへん手間がかかることから次

第にだし巻きがつくられるようになり、現代では一部の高級店を除き、だし巻きが提供されています。だし巻きといえば関東では砂糖を含む甘いもの、関西では甘くないものが通常ですが、江戸前寿司の本来の玉子焼きはたいへん甘いものであったため、関西においても甘いだし巻きを出すのが普通です。最も知名度の高いだし巻きの握り寿司は海苔帯で留めるスタイルですが、射込み (p.102) など、シャリ少なめやシャリなしで出すこともあり、玉子を頼むと「握りますか？」と聞いてくれる場合もあります。

誕生ずし

誕生花の要領で、1年365日に対して寿司をあてがったもの。ヒラメ、マグロ、エビのような花形のネタの日から、お茶やガリなどの拍子抜けする日まで。ウェブサイトなどでぜひ一度、あなたの誕生日もご確認を。

血合い

魚の背身と腹身の中間に位置する、身の全体の色と異なる色をした部分。魚の種類によってその色は異なり、例えばマグロであれば全体の赤い身に対して血合いは赤黒い色をしており、サーモンであれば全体のオレンジ色の身に対して血合いは灰色っぽく、タイであれば全体の白身に対して血合いはピンク色をしています。特に皮側に多く存在し、通常の身に対する比率は尾の方が高くなります。魚の種類によって全体の身に対する割合が異なり、カツオやマグロは高く、ヒラメ、カレイなどは低く、カワハギの雌には血合いらしいものがありません。血管が豊富で血液成分が多いことが色の違いの一因です。他の部位に比較して臭みが強いものの栄養が豊富で、固めの食感です。血合いは食べられますが、寿司ネタの場合、マグロの血合いは冊取り (p.100) の際に外し、カツオも部分的に外します。その他の魚は基本的に血合いも一緒にネタにしますが、魚の状態により身欠いて (p.184) 使うこともあります。外したマグロの血合いは、醤油につけて焼いたり、唐揚げにしてまかないなどで食べられます。

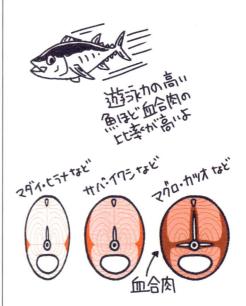

ちゃきんずし………つまし

茶巾寿司

別名を「巾着寿司」、「袱紗寿司」ともいいます。東京赤坂の有職という店の創業者が大正時代に伏見宮家の茶の湯の催しで提供して喜ばれ、殿下から「茶巾」の名前をつけられたのが始まりとされていますが、江戸時代の料理書である『名飯部類』[1802（享和2）年] にも「茶巾すし」という言葉があり、以前からつくられていたと考えられます。関東風の正方形の玉子焼き器を使って錦紙玉子 (p.85) をつくり、刻み海苔、おぼろ、シイタケ、白ゴマなどを混ぜ込んだシャリと、ゆでエビや栗などを包んでつくります。店によってレモンの皮のすりおろしや実山椒の佃煮などのアクセントになるものを加えたりして、味に個性があり、見た目も巾着型や袱紗型の違いがあったり、昆布やゆでた三つ葉で縛ったり、竹串で留めたりするなど少しずつ違います。

茶ぶり

番茶を使って霜降り (p.109) をすることを茶ぶりといいます。ナマコやタコの臭みを取るのに使われる方法です。ナマコの場合はスライスして茶ぶりしたナマコを調味した酢につけます。茶ぶりなまことも呼ばれ、アナゴやめかぶ、カキ、大根おろしなどと合わせて寿司屋でよく出るおつまみです。タコの場合は通常お茶に塩を加えたものでゆでます。

茶碗蒸し

茶碗蒸しは人気もあり、シンプルにつくった場合は原価が安く、寿司屋では利益率の高い商品の代表です。一方で店によってはエビやフグなどのネタに使った魚介を使用したり、野菜を加えてだしを取るなどして、工夫をこらしていることもあります。ウニや白子が具として使われていたり、蓋を開けたらフカヒレや香箱ガニの内子がトッピングされていたり、宝箱のような茶碗蒸しを出す店もあります。

中(ちゅう)トロ

トロの中でも大トロに至らないもの。両者を厳密に区別する基準はありません。中トロは脂ののったマグロであれば、背・腹の両側で取れます。キハダマグロのような脂の少ないマグロの場合は、普通は腹上・腹中で取れます。どこまで中トロが取れるかは個体差が大きいです。

中(ちゅう)巻(ま)き

海苔1枚を、横長になるように置いてつくる、太巻きよりも細い海苔巻き。アナゴ、玉子、おぼろ、かんぴょう、シイタケ、三つ葉などが基本的なネタです。

腸炎(ちょうえん)ビブリオ

海水中に生息する細菌。正式な学名は、*Vibrio parahaemolyticus*（ビブリオ・パラヘモリティカス）といい、好塩性のグラム陰性桿菌の一種です。腸炎ビブリオに汚染された魚介類を生食し、感染することにより発生する食中毒を腸炎ビブリオ食中毒といいます。潜伏時間は6〜12時間で、激しい腹痛を伴う下痢嘔吐、発熱などを発症。通常、2〜3日で回復しますが、免疫力の弱い患者などの死亡例もあります。低温と真水に弱いため、生魚を調理前に冷たい真水で洗い、切ったものを冷蔵庫に入れるなど適切な調理を行えば感染は予防可能です。

ちらし寿司(ずし)

ちらし寿司には寿司屋で提供される、寿司飯の上に各種の魚介を散らしたものと、主に家庭でつくられる煮付けた野菜を寿司飯に混ぜたものがあります。後者については五目寿司(p.96)を参照してください。魚中心のちらし寿司にも、生の魚の切り身をふんだんにのせた海鮮丼のようなものと、加熱したクルマエビや煮ダコ、おぼろ(p.63)、ケラ玉(p.88)など江戸前の仕事を施したネタを使ったものがあります。ランチメニューに数種類のお決まりとちらし寿司を出すのが一般的です。また、ディナータイムに持ち帰り用の寿司折(p.122)として注文できる店もあります。都内のちょっといい寿司屋での価格帯は3000〜5000円くらいです。寿司折でお土産にしてもらった日には、帰り道も寿司屋に行くときのような気持ちになれます。

築地(つきじ)

1923年9月の関東大震災で壊滅的な被害を受けた日本橋魚河岸(うおがし)は、一度芝浦の仮設市場に場所を移し、その後、12月には現在の築地に移転しました。当時は海軍省が築地を所有していた

ため、東京市がその一部を借りた状態でした。築地市場として開場したのは1935（昭和10）年2月。隅田川沿いからは船で魚が届き、旧汐留駅から貨物列車を引き入れて、陸上からの入荷もできるようになっていました。築地市場の扇型の形状は鉄道を引き入れるためのもので、駅名は東京市場駅。1987（昭和62）年1月31日まで貨物列車が運行しており、線路が使われなくなった後も線路の一部をコンクリートの下に見ることができました。築地市場は魚がし横丁を含む場内市場と、場外市場に分けられ、2018年10月に場内市場は豊洲に移転しました。魚がし横丁には13件の寿司屋や吉野家牛丼、洋食店などの飲食店や道具屋、八百屋などが営業しており、もともとは市場で働く人や買出人が食事をするところでしたが、近年は飲み明かしたサラリーマンや観光客にも人気のスポットとなっていました。一部の寿司屋には数時間待ちの長蛇の列ができ、もはや本来の用途で訪れる人はいないのでは。場外市場にも多数の寿司屋があり、2018年の移転以降も場外市場は築地に残って営業を続けています。築地の寿司というと魚がし横丁のイメージが強いかと思いますが、場外にも訪れるべき名店があります。

漬け

魚をヅケ醤油に漬けたもの、およびヅケ醤油に漬けたネタで握った寿司。マグロが最も一般的なネタですが、白身魚や光り物をヅケにすることもあります。ヅケに使うヅケ醤油は、醤油、酒、みりん、鰹節などでつくった煮切り（p.155）です。マグロの握り寿司が登場した当時、マグロはヅケで食べるものでした。マグロは縄文時代から食べられていましたが、鮮度が落ちやすく、あまり好んで食べられず、長らく身分の低い人の食べ物とされてきました。シビという別名も

あり、死日とも受け取れるので、武士からは縁起の悪い魚と認識されていたそうです。天保年間に日本海近海でマグロが獲れすぎたことがきっかけで、あまりに安くてたくさんあるため、日本橋馬喰町の「恵比寿ずし」という屋台が握ってみたところ、意外にもおいしく、マグロの寿司が広まったといわれています。ヅケにする場合、マグロの冊を塩水に浸し、その後熱湯をかけて霜降りし、ヅケ醤油に半日以上漬けて仕込みます。早ヅケといって、切り身にしてから短時間ヅケ醤油に漬ける方法もあります。

つけ台

寿司屋のカウンターの上で一段高くなっている、握った寿司をお客に出すために置く台をつけ台といいます。現代では笹や葉蘭（p.165）、つけ皿をつけ台に置き、その上に寿司をのせる店がほとんどですが、もともとは直接寿司を置いていました。

つけ場

寿司屋のカウンター内部で、職人が寿司を握るエリアは、寿司をつける場所であることから「つけ場」といいます。

つける

寿司屋の符牒（p.168）で、寿司を握ることを「つける」といいます。昔の寿司の形態であるなれ

ずしでは、漬物のように漬けて寿司をつくっていたことに由来しているといわれています。

つま

刺身に添えられる野菜や海藻をひっくるめて、つまといいます。漢字では妻や褄と書きます。つまはツマ、ケン、辛みに分けられます。大葉、おろしショウガ、ワサビ、ワカメ、赤蓼(アカ芽)、穂じそ、ボウフウ、ダイコン、キュウリ、ニンジン、カボチャなどを細く切ったケン(p.89)などがあります。

ツメ

アナゴ、煮イカ、ハマグリ、シャコなどの握りに塗る甘いタレを「ツメ」といいます。アナゴやハマグリの煮汁を粘度が高くなるまで煮詰めてつくるので、ツメです。薄めの味で煮る店では、煮汁を煮詰める段階でみりんなどを追加し

てつくります。また、香味野菜などを一緒に煮て香りをつける店もあります。一度つくると長期間保存がきくので、ツメの仕込みは、回転の頻度にもよりますが数週間に1回〜数か月に1回ほど。ツメは各店の個性が出るので、職人は店の味を守る事に注意を払いますし、お客がその店の味を知る上で重要なポイントになります。

DHA

Docosahexaenoic acidの略。日本語表記だとドコサヘキサエン酸。人の体で合成することができず、食べ物などから摂取する必要がある必須脂肪酸。海の微生物によって生産され、食物連鎖によって魚類に蓄積されます。寿司ネタになる魚では、クロマグロ・ミナミマグロ(トロ)、ハマチ、ブリ、サーモン、タチウオ、イワシ、カツオ、カマス、シマアジなどに多く含まれています。血中の中性脂肪を減少させる作用があり、EPAとの合剤が高脂血症治療薬として販売されています。

てこね寿司

三重県志摩地方に伝わる郷土料理。まず、カツオやマグロなどの赤身の魚の切り身を醤油ダレにつけ、その切り身を少量のタレとともに寿司飯に入れ、一緒に手で混ぜたものです。もともとはカツオ漁師が漁の合間につくって食べたものでした。

手ざく

人差し指から小指までの長さを定規代わりに使って冊を切り出すこと、もしくは長さのこと。寿司ネタの魚の標準的な長さは7.5cmほどであり、個人差はありますが男性の職人であれば人差し指から小指までの長さがちょうどこのくらいであるため、手を定規代わりに使用します。女性であれば小指から親指までの長さが同様に使用できます。サーモンくらいのサイズがある魚では、腹側の冊は寿司ネタとして切りつけるには幅が広いため、いったん手ざくに切ってから切りつけをします。

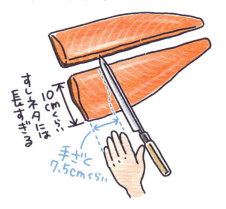

手酢

水7割に酢3割ほどを混ぜたもので、寿司職人が寿司を握る際に手につける酢のことです。小さなボウルに入れて、シャリを入れたおひつのすぐ横に置きます。寿司を握る前に、シャリを取る右手の指先に手酢をつけ、左の手のひらに置き、両手を軽く合わせてなじませます。手に適度な湿り気を保ち、シャリが手につかないようにします。水に酢を混ぜることでシャリが水っぽくなりません。

ですしおすし

ネットスラング。通常の文章で「〜です」というところを「〜ですしおすし」と言い換えて使うと、文章の表現が和らぎます。

鉄火巻き

マグロを芯にした細巻きのこと。もともとは賭博場を鉄火場といい、そこで手を汚さずに食べることができ、便利であったため「鉄火巻き」と呼ばれるようになったといわれています。

手づかみ

寿司を手づかみで食べる場合、指が寿司と並行になるように持つと、見た目が良くなります。寿司は箸で食べるのか、手づかみで食べるのかという議論については、「どちらでも好きなように」というのが現代の寿司職人の見解で一致しています。そして握り寿司が生まれたころの浮世絵にも、手でつかんで食べるもの、箸を添えてあるもの、どちらも見られ、200年近く続

いてきた方法であることがわかります。なお、江戸時代に描かれた浮世絵（p.51）三代歌川豊国の「見立源氏はなの宴」には、寿司にようじが突き刺さっている様子が描かれています。今度、「箸VS手づかみ論」になった際にはぜひ、ようじ説を加えてみてください。

くべき骨が多くなります。一方で身は柔らかいので、手開きにすると背骨に細かい骨をつけたまま、身から骨がうまく抜けます。コハダも同じニシン科の仲間ですが、コハダの場合は酢じめ（p.124）にしているので、小骨が気にならなくなります。

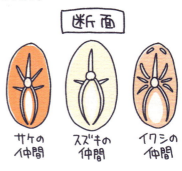

鉄砲巻き

ワサビ入りのかんぴょう巻きのこと。名前はかんぴょう巻きの銃身を思わせる見た目と、辛さに由来しています。

出前

飲食店が、お客からの注文に応じて調理済みの食事を配達すること。出前という言葉は料理が店から出て行くの「出」と、何人前の「前」から成り立ちます。出前の文化は江戸時代の享保年間（1716〜1736年）ごろに登場しました。電話のない時代なので、大名屋敷などの大きなお屋敷や、店舗などからお使いの人が飲食店に出向いて注文をしました。出前は遊郭の女性が蕎麦屋に頼んだことから始まったという説があり、当時寿司屋で出前を提供していたのは内店（p.152）と呼ばれる店舗を構えた寿司屋でした。

手開き

手を使って魚をおろす技術。イワシやニシンなど、背骨に柔らかい小骨がたくさんついた魚で行う方法です。頭を落とし、内臓を取り出した後、左右の親指を腹の内側から背中側に向けて差し込み、左右に向かって開きながら背骨と身の間に手を滑らせます。頭側から背骨を尾びれに向かって引っ張って外します。寿司ネタにする場合には尾の周囲の皮に傷がつかないよう、腹側だけに刃を入れておきます。イワシやニシンなど、ニシン科の魚は魚の中でも原始的な骨格をしていて、後に出現してきた魚にはない骨がたくさんあります。包丁でおろしてしまうとそれらの骨を切ってしまうことになるので、抜

手巻き寿司

巻き簾（p.178）を使わずに、手にのせた海苔にシャリと具をのせ、そのまま手を使って巻いた海苔巻きのこと。家庭料理として各自が自分の食べる分を巻くものと、寿司屋のカウンターで職人が巻いて提供するものと、大きく2つがあります。家庭では1/4切りにした海苔を使い、1つの角を中心にして円錐形に巻くのが一般的です。単純に4つ切りにする方法もありますが、巻きやすい切り方として半分に切った海苔を斜めに切る方法があります。寿司屋では円錐形と円筒形の両方がつくられます。円筒形の場合には、海苔の端を短冊状に切って、下になる方のネタがはみ出ないように蓋にする方法があります。手巻きは海苔がしけらないよう、つけ台（p.144）にのせずに手渡しで渡す店も。通常、おまかせ（p.63）の最後は海苔巻きか手巻き、もしくはケラ玉（p.88）です。

手毬寿司

手毬のように球形に握った寿司。さらし（p.104）を使い、絞るようにして丸く仕上げます。魚だけでなく、野菜や漬物もネタとして使えば色鮮やかな一皿になります。家庭ではさらしの代用としてラップが使われます。

砥石

包丁を研ぐための石。表面のザラザラ具合を粒度といい、粒度によって主に荒砥、中砥、仕上砥の3種類と、包丁を研いで削れた砥石の表面を平らに修正するための修正砥石があります。粒度は数字が大きくなるにつれて細かくなります。包丁の材質に合わせて砥石の材質は変えます。砥石で研いで包丁が切れる状態になることを「刃が付く」といいます。

荒砥

一番粒度が粗い砥石。刃の形を整えるための砥石で、研いでも刃は付きません。刃こぼれといって、刃が欠けてしまったときに使います。

中砥

中間の粒度の砥石。短時間で刃が付くので日常的に頻繁に使われる砥石です。荒砥でついた傷を消すのにも使われます。最初から仕上砥で研ぐと時間がかかるので、中砥で刃を付けてから仕上砥を使うのが一般的な使い方です。

仕上砥

最も粒度の細かい砥石。研ぐのに時間がかかりますが、鋭利な刃を付けることができ、仕上砥で研いだ包丁は長く切れ味を維持できます。また、使う砥石にもよりますが、刃の表面が鏡面のようにピカピカになります。

突先(とっさき)

マグロの希少部位の1つ。脳天からヒレ下につながる筋の強い部分で、筋を外すように刃を入れて切り出します。突先は近年使われだした言葉で、下の図の脳天部分と区別せず、脳天、もしくは頭身と呼ぶこともあります。希少部位を寿司に使うことはあまりないのですが、マグロの突先を使った手巻き寿司(p.148)を出す店があります。しかも、セオリーでは、手巻きはラスト1〜2番に出てきますが、一番始めに出す店もあります。

飛魚(とびうお)

- 和 トビウオ
- 英 Flying fish
- 旬 6〜9月

寿司ではもっぱら卵がトビッコとして使われるトビウオ。成魚は全国的には加熱で食用にされ、寿司ネタとしてはあまりお目にかかりませんが、新鮮なものを寿司にしてくれる店もあります。

基本的にしめて握ります。酢じめも昆布じめもおいしく、そのために産地まで出かけたくなる1貫(かん)です。

トビッコ

トビウオの卵を塩、醤油などの調味料に漬けたもので、寿司ネタとして使用されます。トビウオの卵は無着色の場合、数の子と似たクリーム色から薄いオレンジ色をしていますが、ほとんどの商品に着色料が使われており、鮮やかなオレンジ色になっています。着色や調味の種類はかなりバラエティがあり、緑色をしたワサビ味やスダチ味、オレンジ色のものでも関西風やショウガ風味などがあります。トビッコを握り寿司にする場合は軍艦巻きにします。また裏巻きではゴマと同様にシャリの外側にまとわせたり、寿司を切った後に上に盛り付けたりします。また、色のバリエーションがあるので飾り巻き(p.72)の着色によく使われます。

共和え(ともあえ)

おつまみとして、魚の身とその肝などを和えて調理する方法。カワハギの肝和えや、カニのカニ味噌和えなどがあります。

ドラゴンロール

アボカドスライスをのせ、ドラゴンに見立てた裏巻き (p.55)。見た目からキャタピラーロールとも呼ばれます。芯にはツメ (p.145) を塗ったウナギの蒲焼き、キュウリを使い、半切り海苔でプラスチックラップと巻き簾 (p.178) を使って裏巻きにします。ラップを開き、寿司の手前、ラップのあいたスペースにごく薄くスライスしたアボカドを少しずらして広げ、ラップを持ち上げてアボカドを寿司にのせるように包み、ラップの上から巻き簾で形を整えます。ラップをしたまま8等分に切り、ドラゴンのようにうねらせて皿に盛ります。きれいにつくるポイントはほどよく熟したアボカドを使うことです。

鳥貝

和	トリガイ
別	オトコガイ、キヌガイ、キツネ、チャワンガイ
英	Heart clam、Japanese cockle
旬	4～6月

日本では東京湾、三河湾、伊勢湾、瀬戸内海などで獲れ、北海道には生息しません。石垣貝と似た貝で簡単にむけ、黒っぽい色をした足を半分に開いて握りにします。もたもたしていると黒い色が取れてしまうので、手早く、なるべく触らないように処理します。ゆでてトレーに並べたものも販売されていますが、味は殻付きで買って、生か軽く炙ったものが格段に上。京都の養殖の「丹後とり貝」はブランド化されています。

トロ

マグロの脂の多い部位のこと。口の中で「トロっとトロける」ことから、吉野鮨本店のお客が命名したといわれています。脂が多いので、アブとも呼ばれます。傷みやすく、江戸時代には捨てられていたともいわれていますが、冷蔵・輸送技術の発達や日本人の嗜好の変化により、トロの価値は急速に上がりました。もともとはマグロの脂身を指す言葉でしたが、トロサーモンや豚トロなど、脂がよくのった食べ物にも使われるようになっています。

トロタク巻き

ネギトロ (p.156) とたくあんを巻いた海苔巻き。シソを一緒に巻くことが多いです。ピンクと黄色でかわいい色をしていますが、たいへんお酒のすすむ呑兵衛好みの海苔巻きです。通常ネギトロでつくりますが、贅沢に大トロを切って出す店もあります。

内(ない)店(てん)

江戸時代に屋台や桶を担いで売っていた寿司売りに対し、内店とは、店舗を構えていた寿司屋のことです。店舗があっても折詰や出前が中心で、店内に客が入って食事をするタイプはとても少なかったそうです。店内で食事をする場合はお座敷での食事であり、現代の立ち(p.139)寿司ができるのはもっと後のことになります。内店は夕方には店を閉め、同時に夕方になると屋台店(p.192)が立ち始めました。内店で働いていた人の中には自分の店を持つために、桶に入れた寿司を売り歩いたり、屋台店を開いたりしてお金を貯めていた人もいたのだとか。

中(なか)落(お)ち

3枚おろし(p.105)にした魚の中骨(なかぼね)の間に付いている肉のこと。商品として販売されるのは魚体の大きいマグロくらいのため、寿司屋で中落ちといえば通常マグロを指します。中落ちは身質としては赤身なので、中落ちだけから取ったネギトロ(p.156)は、マグロの酸味と旨味が表に出ており、これぞマグロの醍醐味です。ちなみに、食肉についても同様に肋骨(ろっこつ)の間の肉を中落ちといいます。

仲(なか)卸(おろし)業(ぎょう)者(しゃ)

青果、水産物、食肉、花などの卸売市場内で、競りなどで卸売業者(卸)から食材を買い受け、小売店や飲食店には多すぎる、あるいは大きすぎるような食材を小分け(こわけ)にして、小売店や飲食店などに販売する仲介業者。市場内での販売だけでなく、市場外の依頼された店舗への配達も行います。現法においては競りへ参加するためには市場開設者(東京都中央卸売市場であれば東京都知事)の許可が必要です。ただし、すべての食材で競りが行われるわけではありません。相対(あいたい)取引といって、卸と仲卸の交渉によって相場を考慮して価格が設定されるものもあります。また、入札といい、仲卸が紙に値段を記入して提出し、一番高い値をつけた業者が購入するしくみもあります。水産物の仲卸は、幅広い種類を扱う業者と、マグロ専門店、貝専門店などの専門店があります。寿司屋では各種の魚を仕入れる必要があるため、いくつかの仲卸を回って購入する場合と、特定の仲卸に注文し、ほしい魚を集めてもらう場合があります。

流(なが)し盛(も)り

寿司を盛り付ける手法の1つ。食べる人から見て寿司の小刃(こば)(p.92)が手前で、斜め(右側が手前、左側が奥)になるように、寿司と寿司の距離をあけずに、寿司同士が平行になるように配置します。この斜めの置き方は、右手もしくは右手で持った箸で食べる際に寿司をつかみやすくなっています。そのためカウンターで左きき

のお客に出す場合には反対に置かれます。流し盛りは現代では最も一般的な方法ですが、杉盛り（p.120）が適切とされていた江戸時代には、品のない方法とされていました。

梨割

梨を割るように、刃物を使って食材を縦に真っ二つに切断すること。寿司屋では梨割といえば魚の頭を出刃包丁で縦に切ることです。兜割ともいいます。

ナスの花ずし

秋田県南部に伝わる郷土料理。大きめのナスを輪切りにし、塩で1か月間下漬けをした後、水で塩抜きをし、重石で水抜きをし、蒸して少しついたもち米、菊花、輪切りにした唐辛子をのせ、上下に砂糖がくるように笹の葉で仕切って樽に重ねて漬け込みます。夏に収穫したナスを下漬けして、秋の菊花を待って本漬けする、季節を感じる仕事です。

納豆巻き

たたいた納豆を芯にした細巻き。盛岡の三寿司という店が発祥といわれています。バリエーションには、青ジソ、キュウリ、鰹節などがあります。納豆には軍艦巻きもありますが、こちらは銀座「鮨さゝ木」の先代である佐々木啓全氏が「勘八」という寿司屋に勤めていたときに考案したといわれています。ゆでて切った小松菜と納豆を軍艦巻きにし、塩をのせて出されていたそうです。

なでしこ寿司

今や日本文化の発信地である東京・秋葉原に2010年にオープンした、世界初の寿司職人が全員女性の店。2019年4月からは寿司スクールも開校しています。

なまこ酢

ナマコの酢の物。アナゴやめかぶ、カキ、大根おろしなどと合わせて寿司屋でよく出るおつまみです。

なまなれ………にまうづけ

生なれ
室町時代に発生した、魚に塩とご飯を加え、乳酸発酵させてつくる、なれずしの一種。発酵にかける時間が数週間と短く、ご飯が原型を留めており、ご飯も魚と一緒に食べます。その後の時代に生なれよりもさらに早く食べるために、酸味として酢を使うようになったのが、草寿司(p.163)の始まりです。

波切り
さざ波切りともいい、タコやイカなどの切りつけの際に柳刃包丁を細かく前後に動かして表面に波型の模様をつけること。醤油が絡みやくなり、シャリにもフィットしやすくなります。カマボコや玉子焼きでも使う方法です。

なみだ
寿司屋の符牒(p.168)でワサビ(p.197)のこと。ワサビを食べると涙が出るため、涙です。ワサビをサメ皮(p.103)ですりおろすときも、一度にたくさんすりおろすと涙が出ますが、コンタクトレンズをしているとワサビの刺激を避けることができます。

なれずし
主に魚に塩とご飯を加えて乳酸発酵させた食べ物。現在の寿司が酢(酢酸発酵で酸を生産)で酸味を加えてつくるのに対し、なれずしでは乳酸発酵によって酸味を生産します。「なれ」の字には、「熟れ、馴れ、慣れ」などが使われます。起源は諸説ありますが、古代東南アジアで保存食として発生し、中国を経由して稲作とともに日本に伝わったという説が有力です。今日の寿司の原型となる食べ物で、記録からは奈良時代の日本では各種魚介に加え、シカやイノシシの肉も使っていたことがわかります。滋賀県琵琶湖沿岸で現在でもつくられている鮒寿司は、原型のなれずしに近いものです。数か月かけて発酵させるため、骨が溶けて柔らかくなり、骨ごと食べられます。ご飯は糖化によりべちゃべちゃになるので、取り除いて食べます。室町時代になると発酵時間を短くして早く食べられるようにした、「生なれ」がつくられるようになります。現代日本で「生なれ」という言葉は「なれずし」よりもさらに使う人の少ない言葉であり、「生なれ」にあたる寿司も「なれずし」と呼びます。なれずしを「生なれ」に対比して、「本なれ」ともいいます。

逃がす

寿司屋の符牒(p.168)で、食材を廃棄すること。他にも「投げる」、「落とす」、「止めておく」など店によって多様な符牒があります。食べ物を

日本酒

江戸時代の寿司屋台では日本酒は出さず、お茶が出されていました。しかし、花見の様子を描いた浮世絵(p.52)『見立源氏はなの宴』には、寿司桶に盛られた寿司と刺身、酒麩(酒で煮た麩)でお酒を飲む様子が描かれており、寿司は日本酒と合わせて食べられていたことがわかります。江戸時代には出前、持ち帰り用の寿司も多く売られていたことから、家で寿司を食べるときにはお酒を飲んでいたと考えられます。大正時代にも寿司は立食いで、サクッとつまんで帰るものであったため、店で食べるときはお茶が飲まれていました。寿司屋でお酒を飲むのが定着したのは、戦後、カウンターの前に椅子が置かれるようになってからのことです。

煮切り

一般に、酒やみりんを鍋に入れ、着火もしくは沸騰によりアルコールを蒸発させたもの。また、その調理法自体を指します。ただし、寿司屋では日本酒やみりんを混ぜてアルコールを蒸発させたものに、さらに醤油を加えます。昆布を一緒に火にかけることも。握った寿司のネタに職人が刷毛で煮切りを塗って提供します。

煮こごり

肉や魚の煮汁がゼラチン質により固まったもの。食材から溶け出したゼラチン質によって固まったものもあれば、ゼラチンを加えてつくったものもあります。寿司屋ではフグ、カレイ、ヒラメ、アナゴ、アンコウなどの魚の煮汁でつくった煮こごりをおつまみにします。霜降り(p.109)してきれいにしたあらでだし汁を取り、濾して、調味したものを流し缶に入れ、冷蔵庫で固めます。

2枚づけ

2枚の寿司ネタをずらして重ねて使い、1貫の寿司を握ったもの。コハダやサヨリなど魚体が小さいために2枚づけにするものと、キンメやマグロを、食感の変化をねらって2枚づけにするものがあります。

にんげんりょく〜ねの

人間力

人間力という言葉に確立された定義はありませんが、行政における戦略としてたびたび議論されてきました。内閣府に置かれた研究会では人間力を構成する要素として、「知的能力的要素」、「社会・対人関係力的要素」、そしてその2つを充分に発揮するための「自己制御的要素」を挙げています。寿司に話を戻すと、極端な話、場合によっては料理だけを極めれば一流とみなされるところを、寿司職人の場合はカウンターに立ち、お客の好みを聞き、食べるペースに合わせ、適度に会話に参加し、お客同士が互いに心地よく過ごしているか、飲み物から空調、店の隅々まで気を配り、それでいてピリピリした雰囲気を出さないという、総合的な力が求められます。会話も、ときに寿司に関係のないものに巻き込まれるため、知識も必要です。知らない事であればお客から話を引き出す会話力が必要になります。このように、人に見られ、人を見て行う寿司屋の商売を、四谷「すし匠」の中澤圭二氏は著書『鮨屋の人間力』の中で、『鮨屋とは「さらし」の商売である』とし、お客と職人の間だけでなく、仲卸（p.152）との間、弟子との間にも同じことがいえると述べています。

ねぎ取る

ネギトロの語源となった「ねぎ取る」は、「ハマグリの殻で身をこそげ落とす動き」を示す動詞です。もともとは建築用語で、地下構造をつくるために地面を掘ることを「根切る」というのに由来しています。実際には、ハマグリの殻がない場合スプーンが使われます。

ネギトロ

マグロをおろしたときに冊を取った残りの部分、皮の近くの筋と、筋の間の脂が多い身や中骨の間についた赤身（中落ち）を、ハマグリの殻（スプーンで代用可）などでそぎ取ったすき身をネギトロといいます。海苔巻きや軍艦巻き、海苔なしの握りなどで寿司ネタにされます。ネギトロ巻きも納豆巻きと同じく、銀座「鮨さゝ木」の先代、佐々木啓全氏が考案したといわれています。ネギトロのネギは、本来は「ねぎ取る」動作のネギですが、通常白ネギ、アサツキ、万能ネギなどが合わせられることから、一般には野菜のネギと理解されています。贅沢な店では冊にできるような部位の立派なトロを刻んでネギトロをつくることもあります。なお、安いネギトロはマグロに油脂や添加物を加えています。

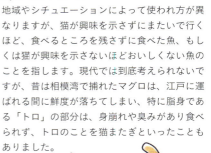

猫またぎ

地域やシチュエーションによって使われ方が異なりますが、猫が興味を示さずにまたいで行くほど、食べるところを残さずに食べた魚、もしくは猫が興味を示さないほどおいしくない魚のことを指します。現代では到底考えられないですが、昔は相模湾で捕れたマグロは、江戸に運ばれる間に鮮度が落ちてしまい、特に脂身である「トロ」の部分は、身崩れや臭みがあり食べられず、トロのことを猫またぎといったこともありました。

ネタケース

寿司ネタを保存するケース。木製とガラス製、電気を使うタイプ、氷で冷やすタイプなどさまざまです。氷を使うと、ネタの水分を奪わずに保存できます。お客の見える場所に置かず、ネタ箱と呼ばれる白木の箱にネタを並べて冷蔵庫に入れる場合もあります。

野じめ

魚の処理方法で、基本的には獲った魚を放置して殺すことを意味します。ただし、活けじめに対する氷じめ（p.89）を意味する場合と、獲ったその場でしめるという意味で、活けじめを意味する場合もあります。

のど黒

- 和 アカムツ
- 別 メキン、ギョウスン、キンギョウオ
- 英 Rosy seabass

「ムツ」は「むっちり」、「むつっこい」など、脂っこいことを指す言葉に由来します。一年中脂がのっていておいしいので、白身のトロとも呼ばれます。皮をつけたまま、皮目を炙ったり、蒸したりして脂を際立たせた握りがよく合います。肝もおいしく、ショウガと醤油で甘く煮たり、肝和えにしたりします。皮を引いたときは肝と共和えにすると、余すことなく食べられます。市場では30cm以上のものが売られていますが、握りにするならまれに売られている20cm以下のものもよく、脂は減りますが、半身で1貫くらいのものを塩で軽くしめて握ると、驚くほど濃厚です。

海苔

寿司海苔には香り、口どけ、歯切れがよく、塩分の強くない海苔が好まれます。海苔は冬に収穫しますが、養殖している網から伸びた分を切ると、海苔は1週間くらいでまた収穫できる長さまで伸びてくるので、さらに切って収穫し、これを繰り返します。最初に収穫したものを一番摘、2番目を二番摘といい、1枚の網から9～10回収穫します。一番摘みは口溶け、歯切れがよく、旨み成分も豊富でおいしいため、贈答用などの高級品になり、二番摘以降が寿司海苔やおにぎり用の海苔になります。市販の海苔にも「二番摘」の表示があり、これは一般向けに販売されているものの中で上等であることを意味します。収穫・加工された海苔は各地の漁業協同組合に集められ、検査員により9つの等級に区分され、さらに検査により15種類の格付け区分がつき、海苔問屋によって入札で買い付けられます。海苔問屋は通常この等級が上位のものを寿司海苔として販売します。各寿司店の職人の好みやシャリとの相性があるので、実際にシャリを巻いて食べ、海苔を選びます。

海苔缶

寿司に使う海苔を一時的に入れておく金属製の容器。乾燥剤とともにその日に使う分を入れておき、残った海苔は密閉できる容器に乾燥剤を入れて保管します。海苔がしけるのを防ぐため、手を使わずに菜箸で海苔をとる職人もいます。

海苔巻き

海苔でシャリと具を巻いた寿司の総称。ただし、寿司屋で具を指定せずに「海苔巻き」といったら、通常「かんぴょう巻き」を意味します。江戸前寿司にはもともとかんぴょう巻きしかなく、後から鉄火巻きやかっぱ巻きができました。逆に関西以南では、海苔巻きといえば「太巻き」を意味します。

のれそれ

アナゴの稚魚。土佐の珍味として有名です。寿司にする場合は軍艦巻きで、おろしショウガやシソが添えられます。同じく土佐の名産である柑橘のポン酢がよく合います。

暖簾

もともとは日除け、風除けや目隠しの目的で使われていましたが、屋号の掲揚や営業中であることを示すなどの役割もあります。昔の寿司屋の屋台では、おしぼりがないのに寿司を手づかみで食べており、お客は帰り際に暖簾をちょっとつまんで、指を拭いて帰るものでした。そのため、おいしい寿司屋は暖簾が汚く、「暖簾が汚れているほど繁盛している店」と認識されました。

ノロウイルス

ウイルス性胃腸炎の原因となるRNAウイルスの一種。感染者の糞便や吐瀉物およびその乾燥物による接触感染と、水道水の塩素に耐性があるため下水処理で充分に取り除けないことから、河川経由でウイルスが蓄積した二枚貝を摂食して起こる感染があります。「不顕性感染」といい、感染しても症状が出ない場合もあります。料理人自身に症状がない場合でも、家族に症状のある人が寿司を調理し、感染した事例が報告されており、石鹸を使用した手洗いの徹底や、トイレのドアノブなどを次亜塩素酸ナトリウムで消毒するといった予防が重要です。

バイ貝

- 和 バイ
- 別 アカバイ
- 英 Japanese babylon
- 旬 3〜7月

日本各地の浅い海に生息する巻貝。握りは貝らしいコリコリ感とシャクシャクした歯ごたえ、磯の香りと少しの苦味が魅力です。酒でうま煮にされることも。バイ貝の主な産地は日本海側ですが、見た目が似ているツブ貝は太平洋側で獲れ、冬から春にかけて旬を迎えます。

はかりめ

アナゴ（p.42）の別名。魚河岸などで使われていた棒秤の目盛と、アナゴの側面の模様が類似していることに由来しています。

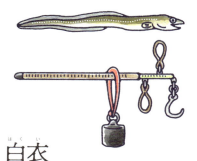

白衣

業務用に着用する白い衣類のことで、さまざまな業種によってその形は異なります。寿司屋の白衣だけをとっても、襟の有無、袖の長さ、色などさまざまですが、水仕事がしやすいように通常、半袖〜七分袖になっています。襟つきの白衣を着る場合は、白衣の下にYシャツと紺などのシンプルなネクタイをします。

ばくだん巻き

涙巻き、ワサビ巻きともいい、ワサビだけを巻いた海苔巻き。私が子どものころに家族で行っていた寿司屋で、ワサビを何度も追加で頼んだところ、職人さんが「ばくだん巻き食べてみる？」とこれを握ってくれました。お好み（p.61）で食べていて、初めて職人さん側からの提案で寿司を食べた瞬間で、非常に新鮮な感覚があったのを覚えています。

刷毛

木やプラスチックなどでできた柄の先端に多数の毛を取り付けた道具。江戸前寿司では、職人が塩や煮切り醤油、ツメ（p.145）などを、刷毛を使ってネタに塗り、「そのままお召し上がりください」と提供します。また、毛の部分まで含め、全体が竹でできた刷毛は、柑橘の皮をおろし金から取るのに使われます。

箸

箸で寿司を食べる場合も、手づかみ（p.147）の場合と同様に、箸が寿司と平行になるように寿司を持つと、見た目も美しく、寿司を崩さずに食べられます。煮切り（p.155）や塩がのっていない寿司の場合は、箸で寿司を90度手前に回転させ、箸でネタとシャリを挟むようにして、小皿の醤油をネタの先に少しつけるようにするとスマートに食べられます。

ハタハタ寿司

ハタハタの産地である秋田と鳥取に伝わる郷土料理。秋田のハタハタ寿司は頭まで使う1匹ずしと、切ってある切りずしがあります。ハタハタのエラと内臓を取って（切りずしの場合は頭も切り落とす）、塩で2日間ほど下漬けし、水で洗って酢で塩抜きします。その後、桶に笹の葉を敷き、炊いたご飯に麹、塩、みりん、酒、砂糖を混ぜたものとハタハタを入れ、昆布、ゆず、短冊に切ったショウガ、カブ、ニンジンを振りかけます。これを繰り返し、一番上に笹の葉を敷いて3～4週間ほど漬けてつくります。鳥取の場合は、下漬けしたハタハタに、炒ったおからと麻の実に甘酸っぱい味をつけたものを詰め、1週間ほど寝かせます。ハタハタは別名カミナリウオともいいますが、秋田で冬に雷が鳴るころに、産卵のためハタハタが深海から岸に出てくることに由来するのだとか。

八の身

マグロの頭部の希少部位。脳天、ツノトロともいいます。筋があるので、寿司ネタにするには筋に包まれた身を切り出す必要がありますが、脂がのっていて旨味も甘味も強く、おいしい部位です。

八角

[和] トクビレ　[別] ハッカク、サチ
[英] Sailfin poacher　[旬] 12～2月

標準和名はトクビレですが、これは雄だけにある大きな背ビレと臀ビレから付けられた名称。関東では雄も雌もハッカクの名で流通しています。迷彩柄のような色で、尖った頭とゴツゴツした表皮を持ち、大きなヒレがあります。おまけに八角形なのですが、見た目が悪くてもおいしい魚の1つです。八角形の体も横にすれば普通に3枚おろしにできます。冬の脂ののった身は、柔らかく外見からは想像できない上品な味。

バッテラ

しめサバを使った押し寿司。語源はポルトガル語のbateira（小舟）から来ています。大きめのサバであれば片身から6つ切りのバッテラが4本分取れます。サバの切りつけ方が独特で、まずしめサバの片身を、皮目を下にして、まな板と平行に刃を入れて4枚になるようにはぎます。次に一番皮側の身を、皮目を上に返し、頭の上の方から箱の長さに合うように斜めの4等分に切ります。押し型には皮目を一番下の外側になるように置き、その上のあいた部分に、はいだ腹側の身を並べます。身が足りない部分には足し身をして、シャリを詰めて押します。押し型から外したら甘酢で煮たバッテラ昆布をサバの上にのせ、6等分にします。

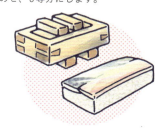

葉っぱずし

福井県吉田郡永平寺町に伝わる郷土料理。寿司飯の上に酢じめにしたマスをのせ、油桐の葉で包みます。油桐はこの地域では「すしの木」と呼ばれ、この集落では民家の敷地内に植わっているのが普通だそうです。町の木にも指定されています。

華屋與兵衛

江戸時代の江戸前寿司職人で、江戸三鮨（p.55）の1つ「與兵衛鮓」の創始者。現在の東京都中央区新川1、2丁目にあたる霊岸島出身。本名は小泉與兵衛。幼名は偶然にも寿司屋の符牒（p.168）で寿司を示す「弥助」（p.192）。箱寿司をつくる際に、押し付けることで魚の脂が抜けてしまうのを防ぐため、箱で押さない「握り早漬け」を考案し、これが現在の江戸前握り寿司の始まりとなりました。最初は岡持ちに入れた寿司を売り歩いていましたが、後に屋台を持ち、1824（文政7）年に両国尾上町（現墨田区両国1丁目8番、與兵衛鮨発祥の地の碑）に「華屋」という屋号で寿司屋を開業。1930（昭和5）年に廃業。今では江戸前寿司の主役のマグロですが、與兵衛はマグロは下魚だからといって握らなかったといわれています。

©株式会社Mizkan Holdings（小泉達二氏 所蔵）

蛤

- 和 ハマグリ
- 英 Common orient clam
- 旬 2〜4月

形が栗に似ているため、浜の栗というのが名前の由来です。もともとは北海道南部以南の台湾まで、淡水の混じる干潟や浅瀬に広く分布していました。日本では1980年代以降、干拓や護岸工事、水質汚染の影響で少なくなってしまいました。現在主に流通しているのはハマグリに類似したシナハマグリとチョウセンハマグリです。まぎらわしいのですが、シナとかチョウセンの名前は生息地を正確に表しておらず、シナハマグリは中国と韓国（内湾域）、チョウセンハマグリは日本と韓国（外海に面した砂浜）に生息します。煮たハマグリは煮ハマといい江戸前寿司の伝統的なネタです。仕込みは店によってかなり違いが出ますが、貝むきで殻から外し、30秒ほどゆでて上げ、足の方から刃を入れて観音開きにして、水管の砂とわたを取ってきれいにします。ゆで汁を濃縮したものに醤油、煮切ったみりんを加えて加熱し、65℃まで上がったらハマグリを浸して一晩待ちます。水分をよく取り除いて握り、ツメ（p.145）をのせます。ツメを塗らずに、貝を煮るときの味を甘くしておき、煮切り（p.155）を塗る店もあります。まず貝むきで貝を開ける時点で慣れないと貝を傷つけてしまいます。特にヒモの部分は切ってしまうとだらしない寿司に。また、加熱方法も、低音で時間をかける方法もあるとはいえ、加熱しすぎてしまうと固くなってしまうため、難易度の高い仕込みです。ハマグリはどんなに見た目が似ていても、1つの貝である2枚しか合わないことから、縁起物として結婚式の料理で使われたり、貝合わせなどの遊びがあったりします。また、ぐりはま（ぴったり合うの反対で、ちぐはぐで噛み合わないこと）や、これを動詞化した、ぐれる（不良になること）の語源となっています。

鱧（はも）

- 和 ハモ
- 別 ホンハモ、ウミウナギ
- 英 Dagger-tooth pike conger、Conger pike
- 旬 6〜9月、10〜11月

夏から秋が産卵時期で、その前か、産卵後に再度肥えた晩秋が旬です。「梅雨の雨水を飲んでおいしくなる」といわれ、関西から西の地域では寿司に使われるネタです。骨切りをし、湯引き(p.193)にした「鱧落とし」と呼ばれるものを握って、たたき梅や青ジソを添えるのが一般的ですが、生を握って煮切りで食べることもできます。

関連語 骨切包丁(p.173)

早すし

早すしという名称は現代日本で一般的には使われませんが、和歌山県では「早すし」という商品名でサバの押し寿司が販売されています。この「早すし」はラーメン屋のサイドメニューとして販売されていて、豚骨醤油味の和歌山ラーメンと一緒に食べます。ラーメンと寿司を一緒に食べるのは、日本全国でこの地域のみのスタイルです。

早寿司（はやずし）

酢でご飯に酸味を付けてつくられる寿司のこと。現代の江戸前寿司も大阪寿司も、各地でつくられている、酢で味付けをする郷土寿司も、広義の早寿司です。乳酸発酵により酸味をつけるなれずし(p.154)、生なれ(p.154)はつくるのに長い時間が必要であるのに対し、酢（酢酸発酵によってつくられたもの）によって調味するため、短時間でつくることができ、早くできるという意味で早寿司と呼ばれました。早寿司にも段階があり、早寿司が登場した当初は、現代の日本各地に残っているような箱寿司、押し寿司がつくられていたので、つくって1日ならしてから食べるようなものを意味していました。江戸時代になって江戸前握り寿司が登場すると、つくってから食べるまでの時間がさらに短縮されました。

腹上（はらかみ）

マグロをコロ(p.96)にしたときの、腹側の頭に近い方を腹上といいます。「腹上一番」という言葉があるくらいで、大トロ、中トロ、赤身が全部取れ、トロの比率が高く、マグロのコロで一番高値がつきます。背骨に近い中心部分のみが赤身、皮側は背中側から順に中トロ、霜降り、大トロ、皮岸といった感じできれいに切り分けることができます。血合いや内臓を包む筋膜を外す必要があるので、歩留まり(p.169)は悪いです。

腹下（はらしも）

マグロをコロ（p.96）にしたときの、腹側の尾に近い方を腹下といいます。個体の脂ののりに左右されますが、皮側に近い部分で中トロ、中心部分で赤身が取れます。

ばら寿司（ばらずし）

京都府北部の丹後地方に伝わる郷土料理。おぼろは通常白身魚か芝エビを使ってつくりますが、ばら寿司ではサバでつくったおぼろを使うのが特徴です。おぼろは本来、焼きサバを砂糖と醤油で甘く煮付けてつくりますが、近年ではサバの缶詰を煮詰めて砂糖と醤油を加えたものが使われています。まつぶたと呼ばれる木箱に寿司飯を敷き詰め、サバのおぼろを散らし、さらに寿司飯をのせ、その上に色とりどりの具をのせます。具は地域や家庭によってまちまちですが、錦糸玉子、カマボコ、紅ショウガ、煮付けたシイタケ、タケノコなどが使われます。まつぶた寿司（p.181）ともいいます。

ハラス巻き（はらまき）

焼いたサケのハラス、キュウリ、大葉、白ゴマなどを巻いた海苔巻き。通常半切りサイズの海苔で巻きます。

腹中（はらなか）

マグロをコロ（p.96）にしたときの腹側の真ん中を腹中といいます。腹上に次いで高値がつきます。腹上と同様に腹中も大トロ、中トロ、中心部分で赤身が取れます。肛門近くの腹ビレより少し頭側にあたる位置は「スナズリ」とか「蛇腹」と呼ばれる希少部位。運動量が多いため筋肉質で、また腹の一番下側なので脂がのり、旨味もたっぷりです。

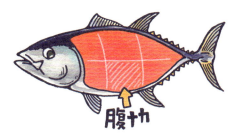

腹開き（はらびらき）

魚の腹側から包丁を入れ、背側の皮をつなげたまま1枚の開きにすること。コハダの酢じめは腹開きの状態で行い、小さめのコハダであれば、腹開きのまま握りにします。また、サンマとアユの姿ずしは地域によって腹開きにしたものを使う場合があります。

葉蘭(はらん)

スズランの仲間の常緑多年草で、標準和名はハラン。笹と似た葉を持ちますが、笹とは葉のつき方が異なります。和食の飾りに使用され、料理の下に敷いて使います。寿司屋でつけ台(p.144)に敷いてその上に握りをのせたり、寿司桶(p.122)に敷いたりします。葉蘭に似せてつくったプラスチック製の仕切りを人造バランといい、普通はバランと呼ばれています。

飯切(はんぎり)

寿司桶の別名で、半切とも書きます。シャリ切り(p.110)といって、寿司飯をつくるときにご飯を切るように混ぜることから、飯切に。別名を飯台(はんだい)ともいいます。寿司屋では、盛り付けて出す寿司桶(p.122)と区別するため、シャリ切り用の桶をこう呼んでいます。大きな炊飯器(p.119)で米を炊く店では、2尺半(直径75cm)もある飯切を使います。飯切は使用する前に、米粒が飯台に付着しないよう水で充分に濡らします。使用後に洗う際には洗剤は使いません。水で濡らして昔ながらのたわしで木目に沿ってこすると、米のぬめりを簡単に落とすことができます。木が水分を吸っているので、カビないように立てて乾燥させます。飯台は乾燥させすぎると木が乾燥して箍(たが)が外れてしまうので、ある程度の頻度で水にさらす必要があります。ちなみに、木桶の類は「一度外れた箍をしめ直して完成する」といわれており、こうして初めて、長く使うことができるそうです。

万ネギ(ばんねぎ)

万能ネギの略。青魚の握りを中心に薬味として使用されます。一般的に、小口に切ったものをネタの上にのせます。醤油をつけるときに万ネギが落ちるのを防ぐため、シャリに万ネギをまとわせて、ネタとの間に挟むようにして握る方法もあります。高級店では万ネギよりもアサツキ(p.41)を使用する傾向があります。

光り物(ひかりもの)

皮の光った魚を指す、寿司屋独特の言葉です。青魚であるコハダ、アジ、サバなどに加え、キス、サヨリ、カスゴ、イボダイなども光り物に含まれます。

あかさたなはまやらわ

ひだりひらめみぎかれい……………ふぁーすとふーど

左ヒラメ右カレイ

ともに目が体の片側にあるヒラメとカレイを見分ける方法を示したことわざです。色のある側を上、内臓がある側を手前にして見たとき、眼（もしくは頭）が左側になればヒラメ類。右側になればカレイ類。ただし、まれに左側に目があるカレイや右側に目があるヒラメもいます。ヒラメもカレイも生まれたときは左右対象で、生後20〜40日後に目がそれぞれ左と右に偏り始め、体色も目のある側だけが黒っぽくなります。目が移動するときに、移動する側の視神経が反対の目の上を通るのがヒラメ、反対に下を通るのがカレイです。また外見的には、口が大きくてギザギザした大きな歯があり、目が平らなものがヒラメで、おちょぼ口で出目なのがカレイです。昔の日本ではヒラメとカレイを区別していませんでした。江戸時代中期は、全国的にはヒラメとカレイを区別せずにカレイと呼び、江戸では大きなものをヒラメ、小さいものをカレイとしていました。ヒラメやカレイのような左右非対称の魚を異体類といい、この仲間は世界に600種類もいるようです。

一粒寿司

米1粒で1貫を握るミニチュア寿司。浅草にある「すし屋の野八」の二代目が考案したもの。

ひねずし

石川県奥能登地方において使われる「なれずし」（p.154）の別名。古くなるの意で「陳ねる」から、「ひねずし」です。他にもこの地域ではなれずしのことを「いずし」、「すす」と呼びます。この地域のなれずしはアジを使用したものが多いですが、サバ、イワシ、サケ、コダイなどでもつくられます。熟成期間は約2か月間ほどで、生なれ（p.154）に当たるなれずしです。

ひもきゅう巻き

アカガイなどの貝のヒモの部分とキュウリを巻いた海苔巻き。ヒモがたくさんある場合は貝ヒモとキュウリだけで贅沢な巻き物にしてもよいでしょう。

平政 (ひらまさ)

- 和 ヒラマサ
- 別 ヒラソ、ヒラサ
- 英 Yellowtail amberjack
- 旬 6～8月

ブリの仲間で、カンパチ、ブリとともに「ブリ御三家」といわれます。ブリよりも体が平らで、細く長く、平たくて真っすぐなのが名前の由来。体側の黄色い一本線が特徴です。小さい鱗がしっかりついているので、鱗は梳き引き (p.120) にします。日本の近海だけでなく、インド洋や太平洋の温帯、亜熱帯の海に広く分布し、九州、四国では通年水揚げされ、東北では夏場に獲れます。ブリのような脂の量の変化がなく、通年おいしく、たくさん獲れる時期という意味で初夏から秋が旬。九州で養殖が行われていますが、養殖も天然もたくさん獲れるものではないので高級です。脂っぽくない魚なので養殖物もおいしく食べられます。腹の身は歯ごたえが強いので、薄く切って2～3枚づけ (2枚づけ p.155) にしてもいいです。味がよく、コリコリとした歯ごたえがあり、さわやかな脂が口に広がります。スタンダードな煮切りもいいですが、ヅケにしたり、みりんで甘めにした煮切りで旨味を引き出すのも◎。

平目 (ひらめ)

- 和 ヒラメ
- 別 テックイ、オオクチカレイ、ヒダリグチ、ソゲ (幼魚)
- 英 Bastard halibut、Olive flounder
- 旬 11～3月

ヒラメという言葉はもともと東京近郊で使われていた言葉で、魚体が平たいことに由来しています。漢字も魚へんに平と書いて鮃。日本近海では沖縄以外の全国で獲れますが、主な産地は北海道、青森、宮城などの北側。養殖は暖かいエリアで行われていて、鹿児島、大分、愛媛が主な産地です。ヒラメ同士が重なっていると、下にいるヒラメの上側の黒い色が、上にいるヒラメの腹側に移り、腹が黒くなります。これが養殖もしくは放流されたヒラメの目印になります。また、ヒラメは15分くらいで表側の体色のトーンを変えることができます。身がしまっていてたいへん旨味の多い魚。昆布じめが代表的ですが、煮切りやポン酢、柑橘＋塩など何でも合います。

ファーストフード

江戸時代には寿司のみならず、蕎麦、天ぷら、ウナギの蒲焼、団子など、お客の注文を受けてすぐに提供する現代のファーストフードのような屋台が発展しました。寿司屋は木箱につくりおきの寿司を並べて売り、お客は好きなものを選んで食べるというスタイルでした。価格については、当時の屋台では1貫4～8文とリーズナブルな価格で販売されていた一方で、一部の寿司屋では60文もしていたようです。なお、寿司職人は1貫10秒ほどで寿司を握ることができます。寿司は日本最古、かつ最速のファーストフードといえるかもしれません。

フィラデルフィアロール

フィラデルフィアクリームチーズとサーモンを主なネタとしてつくった海苔巻き。サーモンは生、スモークサーモンのどちらも使われ、サーモンが芯になる場合もあれば、外側にのせることもあります。その他の具は、アボカド、キュウリなど。ベーグル＆ロックス（ロックスはスモークサーモンのことで、ベーグル＆ロックスはクリームチーズとスモークサーモンをのせたベーグル）をヒントにつくられた海苔巻き。

河豚（ふぐ）

- 和 トラフグ
- 別 シロ、ホンフグ
- 英 Japanese pufferfish, Torafugu, Tiger puffer
- 旬 12〜3月

フグは各種フグの総称ですが、ここでは、最高級とされるトラフグについて記載します。北海道を北限として日本近海に広く分布しますが、産地も消費も主に西日本です。養殖も広く行われています。かつてはフグ調理師免許がいる店でのみ扱うことができましたが、2013年に規制が緩和され、生産地で有毒部位を除去した「身欠きふぐ」を使えば、一定の条件のもと、免許がない店でも扱えるようになり、寿司屋での利用が増加しました。肝臓と卵巣は特に毒性が強く、腸にも弱い毒がありますが、白子は毒がないので炙って握りにします。皮もポン酢や煮こごりでおつまみにします。

符牒（ふちょう）

同業者のみでわかる言葉、隠語。寿司店にも独特の符牒があります。数を示すピン（1）、リャン（2）や、ネタなどの寿司に関するものが多々あります。また市場においても、仲卸（p.152）などが商品を購入するための値段や、商品の内容を伝えるための符牒があります。符牒は、同じ魚種でも地域によって異なっていたり、店特有のものもあります。符牒はもともとお客にわからないように同業者内で使われている言葉なので、知っているからといってお客が使うのは無粋（ぶすい）と考えられることが多いようです。

太巻き（ふとまき）

海苔1枚を縦に長く置いてつくる海苔巻き。具はかんぴょう、玉子、アナゴ、キュウリ、デンブ、シイタケの煮物、三つ葉など。ご飯の量は1本に対して250gほど使います。米1合で寿司飯をつくると300gくらいになるので、その5/6のイメージです。海苔の上側2cm、下側1cmくらいをあけ、巻き終わりのご飯が少し多めになるように広げるときれいに巻けます。なお、関西では太巻きのことを海苔巻きといいます。

歩留まり（ぶどまり）

頭、内臓、骨など、ネタに使えない部分を取り除いた、使える部分のネタの割合（重さ）。使える割合が高いと「歩留まりが良い」、低いと「歩留まりが悪い」といいます。ムキホやタコ足、玉子焼きは1、3枚におろす標準的な形の魚は

0.4〜0.5、ヒラメやイカは0.35など。寿司屋の原価計算では、仕入れ値をこの歩留まりで割った価格を、正味原価として使います。正味原価をその冊から取れる寿司ネタの数で割ると、1貫あたりのネタの原価になります。

鮒寿司（ふなずし）

滋賀県に伝わる郷土料理。琵琶湖に生息するニゴロブナを使ったなれずし（p.154）です。ニゴロブナの他にゲンゴロウブナ、銀ブナという種類のフナも使われますが、ニゴロブナが最も適しているとされています。基本的なつくり方は、まず下処理として鱗、エラ、卵巣以外の内臓を取って水洗い、水切り（魚を吊るして乾かす）をします。内臓を取るのに腹は切らず、エラと一緒に口からかき出します。次に塩切りという、塩を使った下漬けの作業をします。フナの腹に塩を詰め、樽に塩とフナを交互に重ねて内蓋と重石をし、数日置きます。塩切りのフナを水できれいに洗い、磨くようにぬめりを完全に取り除き、干して乾かします（ハエが卵を産むとウジがわくので、室内で行います）。ご飯と一緒に漬ける発酵の過程は、本漬けといいます。手に焼酎をつけて殺菌しながら、炊いたご飯をフナのお腹に詰め、樽にご飯とフナを交互に重ねて内蓋と重石をし、数か月漬け込みます。夏の土用のころまでに塩漬けを行うと冬までには食べられるようになりますが、1年以上漬けたものもあります。フナの身をスライスしておかずとして食べたり、お茶漬けにしたりして食べます。鮒寿司にはタンパク質の発酵によって生まれるアミン類の独特な匂いがありますが、この匂いが、織田信長が明智光秀に殺された「本能寺の変」の原因になったという逸話があります。安土城に徳川家康が訪れた際、接待役であった光秀が近江名物として用意した料理の中に鮒寿司があり、信長が大勢の前で光秀を叱りつけ、接待役を解き、秀吉の援助を命じたため、面目丸潰れとなった光秀の恨みを買ったというものです。その匂いのレベルですが、アラバスターと呼ばれる匂い濃度測定器で計測したところ、納豆や加熱していないクサヤに近い値で、焼きたてのクサヤの半分ほどの値であったとのデータもあります。

[関連語] 絶滅危惧種（ぜつめつきぐしゅ）（p.127）

船底（ふなぞこ）

握り寿司のシャリの理想的な形。握り寿司のシャリは単純な直方体ではなく、下側が狭まって、ネタに接する面が広い船底型、もしくは俵型に握ります。握り寿司全体は地紙型という形に。

Brandon Laird（ぶらんどん れあーど）

2015年から北海道日本ハムファイターズで、2019年からは千葉ロッテマリーンズで活躍する米国出身の野球選手。寿司が好物でホームランを打つとカメラに向かって寿司を握るポーズをします。

鰤

- 和) ブリ
- 英) Japanese amberjack、Five-ray yellowtail
- 旬) 10〜2月

出世魚（p.111）かつ地方によって呼び方が異なるため、多数の別名があります。天然物と養殖物がありますが、養殖も「もじゃこ」と呼ばれる天然の稚魚を捕獲して種苗としています。養殖は鹿児島、大分、宮崎、愛媛、高知などで行われ、天然物は西太平洋、オホーツク海、日本海、東シナ海に分布し、夏に沿岸近くのイワシやコアジを食べながら北海道まで北上し、秋冬になると脂を蓄えて南下してきます。この寒い時期の脂ののったブリを寒ブリといいます。最初に出回るのが北海道で揚がる「天上ブリ」、11月になると富山の「氷見ブリ」漁が始まります。氷見ブリについては11月末ごろの脂がのったころを見計らって、漁協などの代表で構成する判定委員会が「ひみ寒ぶり宣言」をします。翌年2月まで、「ひみ寒ブリ」というさらに上のブランドに認定されたブリも出回ります。他にも「佐渡ブリ」、「能登ブリ」などのブランドがあります。ブリは部位や熟成度合いでまったく違う印象になる魚です。身が大きいので、3枚おろしにしたら、背側と腹側を分けます。背側はまだ寿司ネタにするには厚みがあるので、「天パ」といって水平に2つに分けます。腹側の舌の上でとろける脂はもちろんのこと、天パにした上側の脂の少ない部分も旨味が強く、まったく別の魅力があります。ブリの代表的な仕事は熟成とヅケです。皮は外して握ることが多いですが、付けたまま炙って、それから漬けるという方法もあります。

文学作品

伊豆の踊り子

踊り子と別れて下田港から東京に向かう船で、ポロポロと涙を流す主人公に隣り合わせになった少年が「不幸でもおありになったのですか」と問いかけ、竹の皮で包んだ海苔巻きを出してくれます。

『伊豆の踊り子』川端康成（著）/新潮社

きけ わだつみのこえ

「わだつみ（わたつみ）」とは海神のこと。第二次世界大戦で亡くなった学徒たちの日記や手紙を集めたもの。23歳の浜田忠秀はマラリアに苦しむ病床で「天津のにぎり寿司がたまらなく食いたい」と綴っています。

『きけ わだつみのこえ 日本戦没学生の手記』日本戦没学生記念会（編）/岩波書店

小僧の神様

神田の秤屋に奉公している小僧の仙吉は、店で番頭たちが話していた寿司を食べてみたいと思い、4銭を握りしめて屋台に行きます。が、手を伸ばしたトロの握りは1つ6銭といわれて、がっかりしながら暖簾の外に出ます。それを目撃していた若い貴族議員は、後日秤屋で偶然仙吉を見かけ、仙吉に寿司をご馳走してくれます。

『小僧の神様』志賀直哉（著）/岩波書店

サラダ記念日

「君と食む三百円のあなごずしそのおいしさを恋とこそ知れ」、「いなりずし母と作ってこの夏のピリオド麻の実を噛みしめる」。やっぱり稲荷寿司は人の絆を感じさせる料理だよねという安定感と、アナゴずしと恋愛を結びつけてしまう意外性。どちらも流石の俵先生。

『サラダ記念日』俵 万智（著）/河出書房新社

鮨
前半は東京のとある寿司屋の店内の描写。後半はその寿司屋の常連客の一人が、子どものころを回想します。頭はいいけれど潔癖症で、食事をまともに食べられない子どもに、母親が縁側で新品の道具を並べて握り寿司をつくり、食事の楽しさに目覚めていきます。人々の心の動きと、寿司がキラキラして見えるきれいな文章です。

『老妓抄』岡本かの子（著）/新潮社

たけくらべ
吉原の大黒屋という廓に住む活発な少女美登利は、祭りの夜に、対立する横町組の誰かに泥草履を投げつけられ、翌朝不機嫌で学校に行きたがらず、母親は「後刻（のちかた）に鮨やすけでも誂へようか」と心配しました。

『にごりえ・たけくらべ』樋口一葉（著）/新潮社

握り寿司の名人
戦後〜昭和の寿司について、筆者なりの寿司観を綴った随筆。当時を知る資料としては情報に偏りがあるため、あくまで筆者なりの見解と捉えるべき作品です。

『魯山人の食卓』（ランティエ叢書）
北大路 魯山人（著）/角川春樹事務所

二十四の瞳
二十四の瞳とは、第二次世界大戦の前に瀬戸内海の分教場に赴任した新人教師、大石先生が担任した12人の小学1年生の教え子の瞳です。大石先生は夫と母親を戦争で亡くし、3人の子どものうち、娘の八津は飢えのために青柿を食べて急性腸カタルで命を落とします。戦後、12人の生徒のうち5人に再開する予定の日、大石先生の息子が八津のお墓に稲荷寿司を持って行ってあげようと提案します。

『二十四の瞳』壺井 栄（著）/岩波書店

ベジ寿司

魚を使わず野菜をネタにした握り寿司。アボカド、エリンギ、エノキ、カイワレ、ナス、パプリカ、オクラ、カリフラワー、たくあん、キュウリなど、さまざまな野菜が握り寿司に利用できます。近年、訪日観光客が団体で寿司屋を訪れ、一部の人がベジタリアンということが多いため、店によってはベジ寿司でコースを用意し、対応する場合もあります。

放射盛り

寿司を大皿に盛り付けるときの手法。大型の寿司桶に3〜5人前の寿司を盛り付ける際に、中心から放射状に寿司を盛り込む方法。寿司を囲むように座ったときに、どちらから見ても同じように見えるので、数人分をまとめて盛り付けるのに適しています。

べっこう寿司

島寿司 (p.108) の別名。静岡県の伊豆地方と駿河地方にもべっこう寿司が存在し、こちらではマグロのヅケの握り寿司を指します。さらに三重県にも志摩地方にべっこう寿司が存在し、こちらは島寿司と似ていて醤油に漬けたネタ、ハマチ、ワラサ、ブリなどの握り寿司を指します。

包丁

小出刃

出刃包丁のうち刃が10cm前後のごく小さいものを、小出刃包丁とか鯵切包丁と呼びます。小回りが利いて扱いやすく、アジ、コハダ、キス、カサゴ、サヨリ、イワシ、サンマ、エビ、貝類、アナゴなど、サイズの小さいものの仕込みに便利です。

蛸引き

刺身包丁の一種で、関東で主に使われていたもの。現在では関東でも柳刃包丁が主流です。柳刃包丁よりも刃が薄く、薄い刺身をつくるのに適しています。なお、さらに刃の薄い刺身包丁としてフグ引きがあります。柳刃包丁では先端にも刃がついているのでこの部分を使って細工切りができますが、蛸引きではできません。蛸引きは江戸時代の文化・文政のころに製造が始まり、柳刃（嘉永・安政ごろ）よりも古くから使われています。

包丁仕事

江戸前の仕事の1つ。包丁を使った飾り包丁や、飾りの域には収まらないネタの切りつけ方の変化によって、握り寿司の見た目や食べごたえに変化をつけること。

出刃包丁

丸の魚をおろすのに使用する片刃の包丁。刃は10cm〜30cmくらいまであり、平らな部分が幅の広い三角形をしています。峰が厚くて重みがあり、刃を魚の背骨の関節の間に置くと、少しの力と刃の重みで簡単に切断できます。刃は峰に比べて薄くなっているので、硬いものを無理矢理切ると、刃こぼれといって刃が欠けてしまいます。ガンバラと呼ばれる、内臓を包む骨と筋肉の膜を薄く取るのに非常に便利で、ガンバラを梳くと、つくづく魚のための知恵が詰まった包丁だと感じます。

マグロ包丁

マグロを切るための長い包丁。丸の生のマグロからコロ(p.96)の状態にする間に使用します。寿司屋ではマグロは通常コロか冊(p.100)で購入するため、マグロ包丁は必要ありませんが、解体ショーなどを請け負う場合には使用します。ちなみに、冷凍マグロはカチコチに凍っているため、マグロ包丁ではなく電動ノコギリのような機械で切断します。

骨切包丁

ハモの骨を切るための包丁。ハモはおろした身に小骨が付いていて、骨抜きでの処理がたいへんなので、骨を切って食べられるようにします。刃が薄いのに対し、峰は厚く重くなっているのには訳があり、刃を手前から奥に向かって動かし、包丁の重みを使って骨を切断しながら、数mm間隔で横に移動していきます。

柳刃包丁

刺身用の細長い包丁。もともとは関西地方でつくられ始めたものですが、現在は、刺身包丁としては全国的に一番使われている形です。寿司職人であれば通常1尺(約30cm)以上の柳刃包丁を使います。刺身や寿司ネタを切りつける際には、必ず刃を手前に引きながら切ります。また、刃は前後に動かさずに一引きで切り落とすため、長さが必要です。一引きで切ることにより、切り身表面のなめらかさと艶が生まれます。切り身の美しさが寿司の美しさを決めます。

ホウボウ

- 和 ホウボウ
- 別 キミヨ
- 英 Gurnard
- 旬 10〜3月

ピンク色の筒のような体型に、胸ビレの一部が足のように発達している、とても印象的でちょっと怖い外見の魚です。しかし、さばいて皮をはいでしまえば、いたって普通の上品な白身です。味はさっぱりしていますが、フグに匹敵するといわれる甘味と旨味があり、歯ごたえはそれほど強くありません。魚体があまり大きくないのに頭が大きく歩留まりが悪いので、買うときは数匹まとめて買った方がいいでしょう。

朴葉ずし

岐阜県、長野県、奈良県などの限られた地域でつくられる郷土料理。寿司を朴の木の葉にのせる点が共通していますが、具を寿司飯にのせる地域と混ぜ込む地域があります。具は地域によってバラエティがありますが、サケと煮付けたきゃらぶき、シイタケ、紅ショウガなどが使われます。寿司飯に移った朴の葉の香りを楽しめます。

星

アオヤギの貝柱のこと。アオヤギには大小1つずつ、2つの貝柱があり、大きい方を大星、小さい方を小星といいます。アオヤギはよくむき身にし、身だけ、大星だけ、小星だけを集めて販売されています。大星は身よりも高価で、海苔なしの大星の握りは、材料、握りの技術ともに贅沢な一品です。

帆立貝

- 和 ホタテガイ
- 別 ホタテ、アキタガイ、イタラガイ
- 英 Japanese scallop
- 旬 6〜8月

帆のように貝柱を立てて進むから帆立貝と名が付いているそうですが、実際には、勢いよく水管から水を噴射し、その勢いによって移動します。魚河岸では、養殖したものをむいて貝柱だけにしたものをパックに入れた、通称ムキホが多く売られています。貝柱1つを1玉と呼び、15玉入りや21玉入りなどが寿司にしやすいサイズです。貝専門の仲卸（p.152）では殻付きで売られ、こちらはカラホと呼びます。握りにするには1玉を水平にスライスして2等分し、さらに水平に刃を入れ、片側だけをつなげて開くのが一般的です。薄くするとホタテの醍醐味ともいえる食感が減ってしまうので、スライスせずに刃を細かく縦に入れてシャリになじませる方法もあります。さらに食感を生かすなら、ホタテは握りにしないで磯辺焼き（p.49）にし、おつまみで食べてもいいでしょう。

北寄貝(ほっきがい)

- 和 ウバガイ
- 英 Sakhalin surf clam
- 旬 12〜2月

旬の時期は魚河岸で北海道産の殻付きの生が手に入ります。バカガイの仲間なので、貝むきに慣れていなくても簡単に殻から外せます。生の色はベージュで、足の先がグレーがかっていますが、加熱するとグレーの部分が鮮やかな朱色に変わります。味付けを食べ比べたり、生と炙(あぶ)りを食べ比べたり、色々な楽しみ方があります。

骨(ほね)せんべい

魚の中骨(なかぼね)を油で素揚げにしたもの。こつせんべいともいいます。低温の油で泡が立たなくなるまで揚げて、塩をふって食べます。柑橘(かんきつ)やカレー粉も合います。キス、アジ、サヨリ、アナゴなどが扱いやすいですが、基本的にどんな小魚でも大丈夫です。クルマエビの頭も同様に、素揚げにすると余すところなく食べられます。

ホヤ

- 和 マボヤ
- 英 Ascidian, Sea pineapple, Sea squirt
- 旬 6〜7月

寿司ネタになると貝に似た見た目ですが、脊椎動物でも無脊椎動物でもない、脊索動物に分類される動物です。海の中ではパッと見、植物のように見え、海藻の根のような部分を海底の岩に付着させています。三陸地域で養殖されているため、仙台の寿司屋で食べることができますが、全国的にはマイナーな寿司ネタ。かなり好みの分かれるネタなので、おまかせを食べているとまず出会わないネタです。強い磯の香りを濃縮したような匂いがして、酒飲みにはたまらない一貫です。ホヤとこのわた(p.92)を混ぜたものを「莫久来(ばくらい)」といい、これもお酒の進むおつまみです。莫久来という名前の由来には諸説ありますが、一説には、ホヤの形が機雷に似ており、「機雷」→「爆発」→「莫久来」となったともいわれています。

本手返し(ほんてがえし)

握り寿司の握り方の名称の1つ。複雑な握り方であまり使われないため、本職の職人でも、実際に握るところを見たことがない人もいます。寿司漫画でもたびたび「伝説の握り方」として扱われます。しかし、現代は便利な時代で、YouTubeにアップロードされているものを誰でも見ることができます。右手の人差し指でネタとシャリをなじませた後、右手の人差し指にシャリをつけたまま、右手のひらを上に向けるように返し、左手で上から寿司をつかみます。左手も手のひらを上に向けるように返し(寿司はネタが下にある状態に戻る)、左手を握って寿司のわきをしめます。左手を開いて手をやや下に向けることで、左手の中で寿司を転がして寿司をひっくり返し、右手の人差し指と中指で上からしめ、形を整えて完成です。手数が多いので、速く握る職人さんをじっと見ていると目が回ります。

関連語 小手返し(こてがえし)(p.90,132)、立て返し(たてがえし)(p.140)

Column

魚へんが付く漢字

魚へんが付く漢字は1000種以上もありますが、そもそも「魚」という字は、魚そのものを意味する他、漁る（魚介類を獲る）という動詞の意味も持っています。そして、魚介類以外にも他の水生生物、それらの体の一部、状態など、さまざまなものを表す漢字がつくられてきました。ここでは、魚介類を含め、知名度の高い水生生物の一部を紹介します。
※かっこ内は別の読み方、意味、漢字表記などを表しています。

13画　魛（たちうお）

15画　魷（いか）　鮖（かます）　鮏（はまな）　魴（ほうぼう）

16画　鮎（あゆ）　鮑（あわび）　鮟（あんこう）（鮟鱇）　鮇（いわな）　鮒（かじか）　鮁（かわばた）　鮬（このしろ）　鮃（ひらめ）（平目）　鮐（ふぐ）（河豚）　鮒（ふな）

17画　鮭（さけ）　鮫（さめ）　鯉（こい）　鰍（まてがい）　鮕（はまぐり）（蛤）　鮭（まぐろ）　鮪（まぐろ）　鮴（めばる）

18画　鯏（あさり）　鯑（かずのこ）　鯒（こち）　鮹（たこ）（蛸）　鮫（はぜ）（鯊）

19画　鯵（あじ）　鯨（くじら）　鯖（さば）　鯢（さちほこ）　鯱（しゃち）　鯛（たい）　鯰（なまず）　鯡（にしん）　鰡（ぼら）　鯣（むつ）　鯦（たかさご）

20画　鰔（あめ）（かじか・どじょう）　鰒（あわびふぐ）　鰍（いなだ）　鰕（えび）（海老）　鰈（かれい）　鰆（さわら）　鰉（ちょうざめ）　鰌（どじょう）　鰊（なまず）　鰊（にしん）　鰺（たちうお）

21画　鰭（いか）　鰮（いわし）　鰯（いわし）　鰶（とびうお）　鱈（はたはた）　鰤（ぶり）　鰐（わに）（えい）

22画　鯵（あじ）　鰲（おおうみがめ）　鰻（うなぎ）　鰹（かつお）　鰶（このしろ）　鱏（たこ）　鱈（たら）

23画　鱏（えい）　鱚（きす）　鱒（ます）

24画　鱟（かぶとがに）　鱨（ちょうざめ）　鱩（はたはた）　鱧（はも）

26画　鱵（さより）

27画　鱸（すずき）　鱷（わに）

魚へんのなりたち

前掛け

日本では古来から腰に巻くものが使われてきたため、寿司職人の前掛けは上半身を覆いません。寿司は素手で握るものであるため、寿司屋では清潔感のある身だしなみが重要です。前掛けは白衣の上、一番外側に身につけるため、ピシッと巻かないとだらしない印象になります。和服の帯を結ぶ感覚で、へその下あたりでギュッと締め、背中のところで折り返して一直線になるようにし、前側も帯と結び目が一直線になるように結びます。

まえ　　　うしろ

まかない

まかないづくりは通常、修業中の料理人が担当します。寿司屋のまかないは、基本的に寿司ネタにしない部位や、お客に出せる時期を過ぎたネタでつくられ、ちらし寿司や海苔巻き、あら汁などがメジャーなメニューです。マグロの血合いのヅケをスパイシーに焼いたり、ときどき変わり種でオムライス(p.63)や天むすなどがつくられます。

巻き簾

すだれともいい、巻き寿司をつくるのに使う道具です。割った竹を糸でつないでつくったもので、竹の緑の表面の方を上側に、糸の飛び出ている方を向こう側にして使います。細巻き、中巻き、太巻き、伊達巻き用の4サイズと、この他、伊達巻きにくぼみを付けるための、竹が三角形になった鬼すだれがあります。

関連語 銀簾(p.86)

鮪

黄肌鮪

- 和　キハダ
- 別　ホンハツ
- 英　Yellowfin tuna
- 旬　3〜8月

ミナミマグロ、メバチマグロとならぶ中型のマグロで、背ビレと尻ビレが明るい黄色をしています。身は他のマグロと比較して脂が少ないため、関東よりも関西で好んで使われます。トロ至上主義の方には不人気ですが、逆に脂っこいものが苦手な人でもおいしく食べられるマグロです。身の色が薄めで、特に脂の少ないものはピンク色をしています。霜降り(p.109)にしてヅケにするなど、手をかけて旨味を凝縮したりします。

備長鮪

- 和　ビンナガ
- 別　ビンチョウ、ビンナガマグロ、カンタロウ、カンタ、トンボ、トンボシビ、アバコ
- 英　Albacore
- 旬　通年

小型のマグロでカツオに近い大きさです。胸ビレが第二背ビレに届くほど長いのが特徴です。顔を正面から見たときの胸ビレを

鬢に見立てて、ビンナガといいます。トンボも同様に胸ビレを羽に見立てた呼び方で、アバコは英名に由来します。世界の熱帯および温帯海域に広く分布し、日本近海では北海道より南の、主に太平洋側に生息します。他のマグロ類に比較すると赤色が薄く、赤身もピンク色。旨味も少なめですが、腹の部分はビントロと呼ばれ、回転寿司で人気のネタです。

本鮪

- 和 クロマグロ
- 別 シビ
- 英 Pacific bluefin tuna
- 旬 10〜2月

最高級で最大のマグロ。北半球の太平洋と大西洋に分布し、大西洋のものはタイセイヨウクロマグロという別種。インド洋にはいません。太平洋クロマグロは日本近海で生まれ、太平洋を北米まで回遊し、日本近海に戻って産卵します。日本ではヨコワと呼ばれる幼魚が獲れることと、クロマグロが高値で売れることから、幼魚を捕獲して養殖（養殖まぐろ p.194）が行われてきました。寿司ネタにしたときの赤色の強さと、酸味の強さが特徴です。

お正月の初せりでおなじみ♪

南鮪

- 和 ミナミマグロ
- 別 インドマグロ
- 英 Southern bluefin tuna
- 旬 6〜10月

南半球だけに生息するマグロなのでミナミマグロ。昔はインド洋で獲れていたのでインドマグロともいいます。南半球にいるので、旬の時期がクロマグロとずれるため、夏から秋にかけて重宝されます。クロマグロに次ぐ高級マグロであり、オーストラリアでは養殖（養殖まぐろ p.194）も行われています。サイズは250kgくらいまで大きくなり、メバチ、キハダに並ぶ中型です。味は脂が強めで、酸味は控えめ。身の色はトロも赤みもクロマグロに比較してピンク色の印象が強く、トロが多く取れるので、ミナミマグロの象徴的な寿司はピンク色のトロの握りです。

南半球に住んでるよ

目撥鮪

- 和 メバチ
- 別 バチ、バチマグロ
- 英 Bigeye tuna
- 旬 10〜3月

他のマグロに比較して、目がパッチリしていることからメバチマグロと呼ばれ、英語でも同じような意味でBigeye tunaです。亜熱帯〜熱帯に広く分布し、日本でも、世界的にも、キハダマグロに次いで漁獲量が多いです。日本近海で獲れる生のものもありますが、流通している多くのものが冷凍です。クロマグロのように高値がつかないため、養殖研究が進んでおらず、メバチといえば天然です。あまり脂がのらないのでお腹の部分でも大トロはほとんど取れず、中トロくらい。切り身は身が比較的白いのが特徴です。

お目々パッチリ メバチマグロ

正本総本店

関東を代表する包丁のブランドであり、「西の有次、東の正本」といわれます。初代は関東で本焼物の料理包丁を始めて製造した人物とされ、正本総本店としては1866（慶應2）年の創業です。

©株式会社正本総本店

鱒寿司

富山県に伝わる郷土料理。駅弁としてもたいへん知名度が高い寿司です。わっぱの中に放射状に笹を敷き、酢じめにしたマスを敷いて、寿司飯を詰めた後に重石をしてつくります。魚が下にくるこの製法を「逆さ造り」といい、これが伝統的な鱒寿司のつくり方です。魚から出たドリップがご飯にしみ込まず、米のおいしさを維持できる方法です。

ますのすしミュージアム

富山の郷土料理である鱒寿司で有名な「ますのすし本舗 源」がつくった、鱒寿司に特化したミュージアム。工場や昔ながらの製法の見学、ますのすしづくり体験、江戸時代の弁当容器などの展示を見ることができます。

| 所在地：富山県富山市南央町37-6 |
| 電話番号：076-429-7400 |
| 営業時間：9：00～17：00 |
| URL：http://www.minamoto.co.jp/museum |

松崎喜右衛門

1702（元禄15）年に現在の日本橋人形町2丁目にあたる堺河岸で、江戸三鮨の1つである笹巻きけぬきすしを創業した人物です。越後新発田出身。笹巻きけぬきすしは、暖簾分けした店が現在も神田で営業しており、現存する最古の江戸前寿司の店です。現代の握り寿司を考案したといわれる華屋與兵衛（p.162）の與兵衛鮓よりも100年も前の創業です。鮨は笹に巻き、1日ならして食べるタイプの寿司で、現代の江戸前寿司とは異なりますが、寿司番付（江戸三鮨 p.55）にはきっちり名を連ねています。

松久信幸
まつひさのぶゆき

共同経営を含め、世界中で約40ものレストランやホテルを経営する、国際的に有名な寿司職人。埼玉県出身です。高校卒業後から東京の寿司屋で修業し、24歳のときに日系3世のペルー人実業家に誘われてペルーに渡り、開業します。しかし、方針の違いから3年でその店を離れてアルゼンチンに渡り、別の寿司店に勤務、いったん帰国した後、アメリカ合衆国アラスカ州で再度開業するも、開店直後の火事で廃業。その後ロサンゼルスの日本食レストラン「ミツワ」および「王将」に勤めながら借金を返し、1988年にビバリーヒルズに自らの店「Matsuhisa」を開業。映画関係者の間で人気になり、その店の常連になった俳優ロバート・デ・ニーロとの共同経営で、1993年にニューヨークに「NOBU（NOBU New York City）」を、2000年10月にはデザイナーのジョルジオ・アルマーニと共同でイタリア・ミラノに「NOBU Milan」を開業しました。ロバート・デ・ニーロには映画にも誘われ、日本から来たギャンブラー役で、映画『カジノ』に出演しています。

まつぶた寿司
（ず　し）

京都府北部の丹後地方に伝わる郷土料理。ばら寿司（p.164）の別名。松の木箱を蓋のように重ねて使う（まつぶた）ことからまつぶた寿司と呼ばれます。まつぶたは寿司だけでなく、ついた餅を並べるのにも使われます。

松前寿司
まつまえずし

北海道産の昆布でサバの棒寿司を巻いたもの。江戸時代から明治時代にかけて日本海で運行していた北前船で、北海道から運ばれた真昆布を使ってつくられました。もともとは昆布巻き寿司と呼ばれていましたが、大阪の「丸万」という寿司店が1912（明治45）年に松前寿司を商標登録し、その後取り下げたため、サバの棒寿司を昆布で巻いたものが広く松前寿司と呼ばれるようになりました。白板昆布の別名を松前昆布というため、白板昆布を使うバッテラと混同されることがありますが、バッテラは押し寿司でサバを切って箱に並べ、昆布は白板昆布を使い、松前寿司はサバの半身を切らずに使い、昆布も黒板昆布を使います。

まな板
（いた）

まな板の「まな」の漢字は「俎」ですが、これは古代中国で供物をのせる台を示す字をあてたものです。「まな」は魚の事で、魚を切るのに使う板なのでまな板と呼ばれ、後に他の食材用のものも、まとめてまな板と呼ばれるようになりました。日本の伝統的なものは木製の板ですが、現代では一般家庭、飲食店ともにプラスチックや合成ゴムのものが多く使われています。魚は水分を多く含むため、適度に水分を吸い込む木製のまな板を使うことで、魚とまな板が密着し、魚が滑りにくくなります。きちんと包丁の仕込みをする寿司屋では、ヒノキ、イチョウ、ホオノキなどの木製のものが好んで使われます。丸の魚や貝をおろすとまな板に傷や色がつくため、調理場で下ごしらえに使うまな板と、お客の前で寿司ネタを切りつけるまな板は別のものを使います。また、アナゴは目打ちをするため、アナゴ専用のまな板を使います。日本料理では、他の国の料理に比べて食材を切る工程を重要視しており、料理人のことを「まな板の前に立つ

人」という意味で、板前とか板さんと呼びます。同じ魚を使っても魚の扱いだけでおいしさが変わる寿司の世界ですから、寿司職人にとってまな板は最も重要な調理道具の一つです。

丸ずし

愛媛県南予地方の郷土料理。酢じめにした小さめの魚で、甘酢で味付けしたおからやショウガ、麻の実、すりおろした柑橘の皮などを詰めたもの。魚はコダイ、キス、イワシ、アジ、キビナゴなどが使われます。

丸付け

魚1匹の事を、丸ごと使うという意味で「丸」といい、コハダやジンタン(p.115)など、魚1匹で1貫の握り寿司を握ったものを「丸づけ」といいます。また丸づけにちょうどいいサイズの魚を「丸づけサイズ」といいます。

漫画

江戸前鮨職人 きららの仕事
早川光(原作)、橋本狐蔵(漫画)／集英社
幼いころ母を亡くし、下町のスゴ腕寿司職人に育てられた少女海棠きららが、倒れた祖父の代わりに店を再建しようとする物語。最初は純粋においしい寿司を追求する姿が描かれていますが、途中から寿司の腕前を競う寿司バトルの話に豹変します。

江戸前の旬
九十九森(作)、さとう輝(画)／日本文芸社
主人公柳葉旬は、実家の寿司屋「柳寿司」の三代目。父が倒れたことをきっかけに寿司職人としての修業を始め、いろいろな職人のもとで修業をしながら成長していく。寿司の技術やうんちくだけでなく、ちょっといい人間ドラマが盛り込まれたストーリーが読みやすい漫画です。

おすもじっ！◆司の一貫◆
鹿賀ミツル(原作・構成)、
加藤広史(作画)／小学館
京都の江戸前鮨店「鮨 さわらび」で男として修業をする少女「司」と、さわらびの親方が倒れたため、司に弟子入りした素人「寿」が、寿司づくりを通して成長していく姿を描いた漫画。毎回訳ありのお客がさわらびを訪れ、課題が与えられ、そのリクエストに応えていく過程で司たちとともに読み手も勉強したり、心を揺さぶられたりします。

ごほうびおひとり鮨
早川光(原作)、王嶋環(漫画)／集英社
三十路を過ぎ、10年以上付き合った彼氏にフラれてどん底の伊崎藍子が主人公。会社の後輩に贅沢することをすすめられますが、よい案が浮かびません。そんな折、取引先の男性に「贅沢とは？」と聞くと、「鮨」と即答が返ってきます。これをきっかけに、藍子は予約もなしに四谷の高級寿司店の門を叩きます。寿司を食べた主人公の感想が庶民の気持ちを

代弁していて、一緒に食べているような気持ちになれますし、親方と藍子のQ&Aでほどよく知識も得られます。藍子が行くのは実在する有名店で、おまかせの内容と会計が、1話ごとにまとめてレポートされるため、お一人様寿司デビューのイメージトレーニングにも最適。数ある寿司漫画の中で、最もリアリティのある漫画です。作者の早川光さんがナビゲートするBS12の「早川光の最高に旨い寿司」はこの漫画の実写版のような番組で、こちらもおすすめです。

将太の寿司
寺沢大介（著）／講談社

東京世田谷区の鳳寿司で働く少年、関口将太が日本一の寿司職人を目指してトーナメント方式の「寿司職人コンクール」を勝ち抜いていく漫画。意地悪なキャラクターが出てきては将太に負かされていくという、少年漫画お約束の感はありますが、一方で、ハモの骨格を理解するためにレントゲンを撮るなどの珍エピソードも、ならではといったところ。

すしいち！
小川悦司（著）／リイド社

江戸時代末期の寿司屋横丁に店を構える菜の花寿司の職人、生駒鯛介が主人公。舞台が江戸時代なので、当時の寿司や風情に関する情報が豊富に盛り込まれていて知識欲が満たされます。鯛さんが寿司を通して人々を癒していくいいお話がたくさんあります。

寿司ガール
安田弘之（著）／新潮社

人生に少し疲れた女性たちの前に、毎回違う寿司を頭にのせた小さな女の子が現れて、女性たちに寄り添ってくれる、ほっこりするオムニバス形式の漫画。癒されます。寿司のうんちくなどは書かれていませんので、ただだリラックスしたい大人におすすめ。

寿司屋のかみさん うちあけ話
佐川芳枝（原作）、
桑佳あさ（漫画）／少年画報社

お寿司につられ、銀行の窓口係からお寿司屋に嫁いだおかみさんで、東中野・名登利寿司の佐川芳枝さんによるエッセイの漫画版。おかみさんがシャリ炊きをしていたり、海苔巻きの練習をしていたりして、家族経営の寿司屋をのぞいているかのような漫画。釜底のご飯でつくったおにぎりをおいしそうに食べるおかみさんを見ると、かわいいなぁとしみじみ思います。

みおぐろびん………みりん

ミオグロビン

動物の筋肉中に存在する赤い色をしたタンパク質の一種。ミオグロビンは血液中を流れるヘモグロビン（グロビンと4つのヘムから成り、4つの酸素分子を運搬できる）から酸素を受け取り、筋肉内での酸素の貯蔵、運搬を行います。グロビンというアミノ酸がつながった部分と、ヘム鉄という部分に分けられ、ヘム鉄は一分子の酸素と結合します。運動量が多く、酸素をたくさん必要とするマグロやカツオなどの赤身魚（p.41）は、ミオグロビンの含有量が多いため魚肉が赤い色をしています。水産学では魚肉100gあたりのミオグロビン含有量が10mg以上のものを赤身魚、それより少ないものを白身魚と呼んでいますが、一般に寿司屋のメニューでは魚の見た目で、赤身、光り物、白身に分けています。

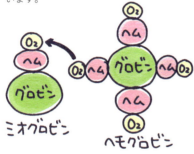

身欠き

魚の冊（p.100）から不要な部分や傷んだ部分、その他、筋が間にあるなどの理由で、切り離さないときれいな切り身にできない部分を切り落とす作業のこと。ざっくりいうと冊をきれいにする意味になるので、「磨く」と間違われることがありますが、「身を切る作業なので身欠く」が正解です。「身欠きフグ」は毒で食べられない部分を切り落として販売しているもので、「身欠きニシン」もニシンを乾燥させて身が外れてしまうことから、「身欠き」が使われます。余分なつながった部分があると、いくらていねいに切りつけ（p.84）を行っても、切り身の形に影響するため、身欠きはきれいな寿司をつくる上で重要な作業です。

ミシュラン・ガイド

フランスのタイヤ会社であるミシュランが、ドライブ文化の発展とそれに伴うタイヤの売り上げ増加を目指して1900年に発行を開始したガイドブック。当初は現在のものとは異なり、ガソリンスタンドや郵便局、市街地図などを含んだガイドでしたが、1926年からは質の高いサービスを提供するホテルとレストランに星をつけるシステムが導入され、最初1つ星方式だったものが3つ星方式に変更になり、匿名調査員による調査が行われるようになるなど、次第に現在の形に変化していきました。初めてフランス以外の国のガイドが作成されたのが、1904年のベルギー版。日本版に『ミシュランガイド東京2008』[2007（平成19）年11月22日発売]が最初で、東京版はその後2019まで毎年発行、関西版は対象地域に変化があるものの、2009以降毎年発行されています。それ以外の地域は単発で発行されており、全土を網羅して作成されたものはありません。ミシュランガイドでは星がつかないものの、一定の基準を満たしたレストランも掲載されており、それらも含めると、webでは2019年7月までに掲載された、東京、京都、大阪、北海道、宮城、富山、石川、愛知、岐阜、三重、奈良、鳥取、広島、愛媛、福岡、佐賀、長崎、熊本、大分の全19エリアから366件の寿司屋が掲載されています（岐阜、奈良、鳥取、大分は星つきはなし）。

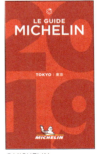

©MICHELIN

水蛸（みずだこ）

- 和 ミズダコ
- 別 ホッカイダコ
- 英 North Pacific Giant Octopus
- 旬 11〜3月

東北、北海道以北の日本海に生息する、タコ類最大のタコ。大きいので魚河岸（うおがし）では足1本ずつにしたものが「タコ足」として販売されています。吸盤と外側の皮を柳刃包丁でむいて霜降り（p.109）して仕込みますが、吸盤をつけたまま切る店もありますし、低温で微妙に火を入れるという店も。噛み切れるように包丁のあごでたたいたり、細かい隠し包丁を入れますが、思いっきり華やかに飾り包丁（p.72）を入れる店もあります。塩＋柑橘や、ポン酢と赤おろしがよく合います。タコ足は吸盤や皮を取った場合も、同様に霜降りして柑橘と和えたり、酢の物や酢味噌などで食べられるので、実質歩留（ぶど）まり（p.168）100％です。

ミツカンミュージアム

酢を製造販売するミツカン株式会社が運営する体験型博物館で、ミツカンの創業地である愛知県半田市にあります。ミツカンの酢づくりの歴史や、醸造（じょうぞう）の技術、ものづくりへのこだわり、食文化の魅力を伝えています。復刻版の弁財船に乗りながら見る、半田から江戸に酢を運ぶムービーは、危険な航海を乗り越えて、当時の船乗りが物流と食文化の発展に貢献していたことが感じられ、感動ものです。寿司はミツカンの創業者が粕酢（かすず）を製造したきっかけであり、寿司と粕酢は互いに支えあいながら流行した背景があるため、寿司に関する展示も充実しています。

- 所在地：愛知県半田市中村町2-6
- 電話番号：0569-24-5111
- 営業時間：通常 9：30〜17：00（事前予約制）
- URL：https://www.mizkan.co.jp/mim/

宮島（みやじま）

炊き上がったご飯に合わせ酢を混ぜてシャリ切りをするときに使うしゃもじのこと。家庭用しゃもじよりも大きく、寿司桶のサイズに合わせて大小の宮島があります。シャリ切りのときにはヘラの丸みのある方を上にし、柄が腕に沿うように持って、寿司桶の底と平行に動かします。

茗荷（みょうが）

東アジア原産のショウガ科の植物で、花穂（かすい）の部分を食用にします。寿司飯との相性がたいへんいい野菜で、細かく刻んで青ジソやゴマと寿司飯に混ぜると、シンプルなちらし寿司ができます。また、ミョウガの握り寿司にする場合は、半分に切ってサッとゆで、絞ったものを甘酢に漬けておき、甘酢を絞って魚のネタと同じように握ります。

みりん

調味料として使用されるアルコール飲料で、蒸したもち米に米麹を混ぜ、焼酎を加えて常温で熟成させてから圧搾してつくります。寿司屋では煮切り（p.155）をつくるのにみりんを使用します。なお、現代では調味料として販売されていますが、もともとは飲み物。江戸時代には高級なお酒として主に飲用されていました。現代でもお正月に飲むお屠蘇（とそ）はみりんを使ってつくりますし、養命酒は生薬をみりんに浸したものです。

ミル貝

白ミル

- 和 ナミガイ
- 別 シロミルガイ、オキナノメンガイ
- 英 Japanese geoduck
- 旬 3〜5月

もともとミルクイという類似の貝が食べられていましたが、数の減少により高価になってしまったため、代用品として本種が食べられるようになりました。回転寿司のミルガイはさらに本種の代用品のアメリカナミガイが使われます。殻から外し、水管の部分をゆでて薄皮をとって、薄くスライスしてネタにします。

① 貝からはずし、水管・ヒモ・キモに切りわける

② 熱湯、氷水に通し皮をむく

③ 切りつけて握る

本ミル

- 和 ミルクイ
- 別 ミルガイ
- 英 Mirugai clam
- 旬 1〜3月

もともと日本全国に分布していましたが、数が減少して獲れなくなったため超高級品になりました。成長が遅く、寿司ネタに使うサイズになるには10年近くかかるため、再生産のサイクルが追いつかず、絶滅危惧種(p.127)に該当しています。輸入物や白ミル、アメリカナミガイなどの代替品がミルガイとして売られることが多くなり、これらと区別するために本ミルと呼ばれます。水管の部分だけを寿司ネタにするため、たいへん歩留まりが悪く、絶滅の危機にあるのに贅沢な食べ方をするので、非常に申し訳ない気持ちになります。シャクシャクとした歯切れと貝らしい弾力があり、磯の香り・旨味が口いっぱいに広がるネタです。

身割れ

冊(p.100)にした状態の魚に割れ目があること。サバやサワラ、カツオの腹側などは割れやすく、言葉の使い方としては「身割れしやすい」などといいます。身割れは寿司ネタとしては致命的なダメージです。身割れの程度によっては身欠いて(身欠き p.184)使います。

ここまで身割れしてると寿司ネタにはできない。

蒸し寿司

関西より西の地域でつくられる、蒸籠で蒸した温かいちらし寿司。寿司の具は、ちらし寿司がそうであるように地域や店によってさまざまです。

むらさき

寿司屋の符牒（p.168）で醤油のこと。由来は醤油の色とも、高価で貴重であった醤油を、同様に高価で身分の高い人しか身につけられなかった紫の染物に関連づけたともいわれています。

目打ち

アナゴやハモなどの長い魚をおろすときに使う金属製の道具。魚の頭を貫通させ、まな板に固定します。目打ちといいますが、目よりも体側の柔らかい部分に刺す場合もあります。真っすぐなタイプとT字型の2種類があります。

芽ネギ

発芽して間もなく収穫した、細くて小さなネギ。辛味がなくサクサクとした歯ごたえで、香りがとてもよく、成長したネギよりもずっと食べやすい野菜です。ネタの長さに切った20〜30本ほどの芽ネギだけをネタにしてシャリにのせ、海苔帯でとめて握った芽ネギの握りは、芽ネギとシャリの香りが絶妙にマッチして、シンプルでさわやかな一貫です。海苔帯の代わりに、極薄切りにした白身などのあっさり系のネタで、芽ネギとシャリを包んだ寿司も、芽ネギが白身を絶妙に引き立ててくれます。また、カワハギやフグなどに薬味として、紅葉おろしとともに、芽ネギ10本ほどを2cmくらいに切ったものがのせられます。

めはり寿司

和歌山県南部と三重県南部からなる熊野地域と、奈良県吉野郡に伝わる郷土料理。ソフトボールほどの大きなおにぎりを高菜漬けの葉で包んだもので、目を張るくらい大きな口で食べるため、めはり寿司と呼ばれます。高菜漬けは一度塩抜きをして醤油味のタレに浸してから使います。中のおにぎりはもともとは麦飯でしたが、現在は白飯が一般的です。吉野杉で有名なこの地域は昔から木を切る仕事があり、山で昼食をとるのに漬物とご飯が一緒になったものが便利であったことからつくられるようになったそうです。

もずく

海藻のうち、モズク科やナガマツモ科に属するものの総称。他の藻類に付着することから藻付く（もづく）と呼ばれました。もずくを三杯酢や土佐酢で和えたもずく酢は寿司屋でよく出るおつまみの1つ。また、もずくを使った寿司としては、軍艦巻きや、少し固めに炊いたご飯にもずく酢を混ぜ合わせてつくる、もずくちらし、もずく稲荷、もずく海苔巻きがあります。

モチーフ

着ぐるみ
人間が着用できる大きなぬいぐるみ。テーマパークや子ども向けテレビ番組、趣味の仮装など用途はさまざまです。寿司の形をした着ぐるみも販売されており、誰でも気軽に寿司になることができます。

消しゴム
寿司の形をした消しゴム。おもちゃやお土産として、玩具店や観光地、魚河岸で販売されています。普通に消しゴムとして使用するよりもおままごとでの使用がオススメ。

食品サンプル
飲食店で料理の見本として展示するために製造された、食品の形状をしたプラスチック製品。大正末期から昭和初期にかけてつくられ始め、当初は蝋を原料としていましたが、現代では樹脂が使われています。もともとは飲食店を対象に販売されていましたが、近年は、食品サンプルを展示する店は減少しています。代わりにキーホルダーやスマホケース用に加工したものが、オンラインや観光地で販売されており、手づくり体験ができる店も出てきました。食品サンプルは海外では food samples や fake food と呼ばれていますが、樹脂を使って料理の見本をつくるのは、日本独特の表現であるため、海外から来た旅行客のお土産として人気があります。寿司モチーフだと、USBドライブ、キーホルダー、ピアス、スマホのケースやスタンド、名刺ケースなどが販売されています。

スーツケースカバー
スーツケース全体を覆うカバーで、カバーをかけるとスーツケースが握り寿司に変身します。ネタの種類はマグロ、エビ、サバ、イクラ、タコや玉子など。バゲッジクレームのベルトの上を流れる姿はまるで回転寿司です。

寿司キャンディ
握り寿司や海苔巻きをかたどった飴。味はもちろん砂糖の味で、寿司の風味はゼロです。海外から来た旅行客のお土産用に築地、浅草などの観光地で販売しています。

Tシャツ

寿司をTシャツにプリントしたもの。一昔前まで、日本好きの外国人用と思われていた寿司Tシャツですが、近年、日本人でも寿司Tシャツを着る人が増えています。友人が寿司Tシャツを着ていたら、とりあえずいじりましょう。

盛箸

職人が盛り付けのときに使うやや長めの箸。竹製とステンレス製があり、ステンレス製のものは真菜箸ともいいます。「真」は魚を意味していて、もともとは魚専用の箸でした。

森孫右衛門

江戸の魚河岸の基盤をつくった人物で、摂津国西成郡佃村（現在の大阪市西淀川区佃町）で漁師をしていました。1590（天正18）年に徳川家康が江戸に来た際、家康に従って仲間の漁師たちとともに江戸に移り住み、江戸向島（後の佃島）の領地と、漁業権を与えられます。ここで江戸城に納める魚を獲り、その残りを日本橋小田原河岸で販売したのが魚河岸の始まりといわれています。森孫右衛門の一族は、大阪時代には、家康が瀬戸内海などを渡る際の偵察を手伝ったり、江戸湾で漁業を営むようになってからは、海上の様子を幕府に報告する役目も担っていたとされます。つまりただの漁師ではなく、水軍や海賊のような者たちであったとする説もあります。また文献から年齢を計算すると、年齢に矛盾が生じることから、大阪で家康と親しくなった父・森孫右衛門と、家康とともに江戸に渡った子・森孫右衛門の2人が存在すると考えられています。

もろこ箱寿司

愛知県西部と岐阜県に伝わる郷土料理。醤油とザラメとショウガで煮た、モロコと呼ばれるコイ科の川魚を、寿司飯の上にのせて木箱で押し固めたもの。木箱は重ねてくさびを打って寿司を押し固めます。

Column

偲ぶ與兵衛の鮓（しのぶよへえのすし）

江戸時代に生まれた「江戸前握り寿司」は、華屋與兵衛により考案されたといわれています。当時の握り寿司は、ネタを「仕事」と呼ばれる「煮る、酢でしめる、醤油で漬ける」といった方法で下処理をしていました。大きさも現在とは違っており、45g（現在の約2倍）ほどあったといわれています。酢は粕酢を使用し、保存のため塩が多めに使われていました。本項の絵は『偲ぶ與兵衛の鮓』という作品で、4代目小泉喜太郎の弟である小泉清三郎の著書に掲載されている絵です。明治時代に川端玉章が華屋與兵衛の華屋の寿司を描いたもので、右上からアユの姿寿司、伊達巻き、海苔の太巻き、クルマエビの握り、サバの押し寿司、左上からコダイ、シラウオ、ミルガイ、マス、ニハダ、キス、アジ、イカの印籠詰め、アカガイ、かんぴょう巻きが描かれています。與兵衛は粕酢を使っていたので、シャリに色が付いています。シラウオ、エビなどのシャリには黒いものが混ざっています。当時はシャリにもみ海苔を混ぜた海苔飯や、さらにシイタケやエビのおぼろなどを混ぜた五目飯を握り寿司に使っていました。與兵衛鮓は昭和初期に閉店していますが、系統を辿ると現在でも営業している吉野鮨本店（日本橋）や㐂寿司（人形町）、弁天山美家古鮨（浅草）などがあります（江戸前寿司の系譜 p.26）。

『偲ぶ與兵衛の鮓 家庭 鮓のつけかた』／小泉清三郎より（原画は吉野鮨本店所蔵）

焼き霜

魚の皮だけに直火をあてて皮を食べやすくする技術で、皮霜(p.78)の一種。寿司ネタではタイ、サワラ、キンメ、カツオ、ノドグロなどが皮霜造りにされます。古くは藁を焼いて炙っていましたが、現代では冊(p.100)を金串(p.74)に刺し、コンロや七輪の直火で炙るか、バットに置いてバーナーで炙るのが一般的です。

皮のウマみも丸ごと味わう!!

弥助

寿司屋の符牒(p.168)で、握り寿司のことを指します。歌舞伎の演目「義経千本桜」で、源平合戦で負けた平重盛の息子、平維盛が、釣瓶鮨という鮎寿司を売る寿司屋に「弥助」という名で匿われていたことから、「弥助」が寿司を指すようになりました。この演目の舞台となった寿司屋は、奈良県下市町に実在する800年以上も続く鮎寿司の老舗「つるべすし 弥助」です。

すし屋の弥助 実は平維盛

屋台

江戸時代の日本では、屋台で飲食する習慣が人々の暮らしに根付いていました。背景には、急速に発展した江戸の街と、土木工事などの仕事を求めて、江戸の外から集まった人たちがいました。独身男性の人口が多く、仕事後のすきっ腹を満たすために、寿司、蕎麦、天ぷらなどの各種屋台や、寿司売りなどの外食産業が発展。そのため、屋台で食事をしていた人の多くは男性でした。終戦後に不衛生との理由から屋台が許可されなくなったため、内店の中にカウンターを置き、現代の立ちの寿司屋ができていきました。

谷中

寿司屋の符牒(p.168)でショウガを指します。江戸時代に台東区の谷中がショウガの産地であったことに由来します。

山ゴボウ

アザミの根。寿司には味噌漬けにしたものを使います。太巻きの具にもなりますし、山ゴボウと白ゴマ、シソで細巻きにして、おつまみにもします。子どものころ、私はこれが苦手でしたが、食べているうちに強い香りが気にならなくなり、お酒を飲むようになってからはむしろ大好きになりました。

柚子

握り寿司の薬味として柚子を使用する場合は、「振り柚子」といい、皮をおろして刷毛(p.160)でネタの上に散らしたり、皮を削ったおろし金の上にシャリ玉を軽く当て、シャリに皮をまとわせてから握ったりします。高知県に伝わる田舎寿司は、酢の代わりに柚子の果汁を使って寿司飯をつくります。

関連語 スダチ(p.125)

柚子胡椒

唐辛子と柚子の果皮、塩をすり潰し、熟成させてつくった調味料。大分を中心に、高知、徳島など柚子の産地で多く生産されています。青唐辛子もしくは赤唐辛子、青柚子もしくは黄色の柚子でつくります。青唐辛子と青柚子でつくる緑色のものが一般的ですが、青唐辛子と黄色い柚子でつくった黄色いもの、赤唐辛子と黄柚子の朱色のものもあります。鍋物や刺身の薬味として使うのは地元の食べ方ですが、幅広い食材と相性がよく、脂をさっぱりと食べられるので、焼肉、焼き魚、パスタソースなど、いろいろな使われ方をします。寿司ネタではサンマ、カマス、カンパチ、サーモンなど脂の多い白身、青魚や炙ったネタとの相性がよく、握りに少量のせて食べることもあります。また、稲荷寿司の薬味としても使われます。

ゆず塩

柚子の果皮の黄色い部分を乾燥させて粉末にしたものと塩を混ぜた調味料。握り寿司の上に少量振って使います。白身やエビ、イカ、イクラとよく合います。

湯呑み

寿司屋の湯呑みは大きく分厚くつくられています。これは、職人が屋台を一人で切り盛りするのに、お茶を差し替える余裕がなかったためといわれています。また、寿司屋のお茶は伝統的に粉茶が使われており、粉茶は熱い湯で入れる必要があるため、薄い湯呑みだと熱くて持てないという事情もあります。

湯引き

魚の皮だけに熱湯をかけ、皮を食べやすくする技術で、皮霜（p.78）の一種。湯霜ともいいます。まず皮目を上にした冊を盆ざるに乗せ、上にさらしをかけます。その上から熱湯をかけ、すぐに氷水に入れて、身に火が入るのを防ぎます。飾り包丁を入れたイカの場合には、熱湯をかける前にもイカを氷水に入れておくと、火が入りすぎるのを防ぐことができます。臭みをとるために、熱湯に日本酒を混ぜる場合もあります。

養殖まぐろ

養殖にはコストがかかるため、販売価格の高いクロマグロとミナミマグロなどが養殖の対象です。クロマグロは日本、スペイン、マルタ、クロアチア、トルコ、チュニジアなどの地中海、メキシコ湾、ミナミマグロはオーストラリアが主な産地です。マグロの養殖には海水温が高め（水温10℃以上）、水深30〜50m、大きな河川の河口から離れた場所が適しています。国内だと長崎県、鹿児島県、和歌山県、三重県、高知県、愛媛県、大分県などが主な産地です。商業用マグロの養殖が始まったのは70年代はじめのカナダです。続いて80年代に地中海で開発が進みました。蓄養といって、地中海で産卵し大西洋に戻るクロマグロを定置網で漁獲し、生け簀で養殖して太らせていました。90年代半ばに、まき網で漁獲するようになり、効率が飛躍的に改善します。海外では成魚の短期蓄養が主流で、日本でも京都府伊根、島根県隠岐で行われています。日本では曳き縄釣りで漁獲した500g以下のクロマグロの幼魚を3〜4年かけて育てる蓄養が主に行われてきました。海外でもクロアチアでは幼魚からの養殖が行われています。味は幼魚から養殖したものよりも、成魚を養殖した方が天然に近いです。蓄養は天然の成魚、もしくは稚魚を捕獲するため、天然資源に与える影響が懸念されてきましたが、2002年に近畿大学水産研究所(p.85)が卵から育てる完全養殖の技術を開発しました。国内の養殖マグロは生のマグロとして流通し、多くが産地の養殖業者、または漁協から販売契約している取引先に送られますが、一部は魚河岸の生マグロの競り場に天然マグロとともに並びます。海外の養殖マグロはコンテナで輸送されます。地中海からは冷凍、メキシコからは生マグロと冷凍の両方、オーストラリアは冷凍が主ですが、一部は生で輸入されます。養殖マグロはサバやイワシ、人工飼料などを大量に食べます。食べ残しはコストの無駄と環境への影響があるため、毎日ダイバーが観察、残りのエサを回収しながら飼育しています。

横返し

握り寿司の握り方の名称の1つで、小手返し(p.90)の別名。

リゾット

シャリはリゾットにしても美味。貝汁や潮汁（あら汁p.44）を加えてシャリを煮て、ウニや貝を添えて生クリームや卵黄、チーズなどで仕上げます。アワビの肝でつくったソースにシャリを添えて出す店もあります。

リトル・ミス・ベントー

本名をShirley Wongといい、日本ファンのシンガポール人です。シンガポール人として、初めてJSIA 寿司インストラクター協会で認定された方で、ブログ、Facebookなどを通じて飾り巻きやキャラクター寿司のつくり方を発信しています。日本の超人気キャラクターをモチーフにした変わり寿司が"Kawaii! Sushi"として紹介されています。

Kawaii Deco Sushi by Little Miss Bento, Shirley Wong, is published by Marshall Cavendish

冷凍

ほとんどの寿司ネタは冷凍品が流通しています。マグロ、サーモン、ホタテ、イカ、ハマチ、エビ、貝、ネギトロ、イクラ、ウニ、シャコ、しめサバ、玉子焼き、ガリなど、一般的なネタは一通りすべて冷凍で揃えることが可能です。エビについてはボイルエビは当然のこと、甘エビなどの生で食べるものも殻を取った状態でパックされたものがあります。キンメの昆布じめなども、切りつけ（p.84）し、昆布に乗った状態でパックされています。旬の時期に大量に製造することが可能であるため、価格が天気の影響を受けません。安定して生のものよりも安価に入手でき、少量から購入可能なため、ロスが出にくく原価を低く抑えることができます。

気が当たるようにし、マグロを外からと内から、同時に冷やしていく工夫がされます。冷凍マグロになる種類はメバチマグロが中心です。魚河岸で競りにかけられるものもありますが、大部分はマグロ専門業者が船ごと価格交渉、もしくは入札により買い取って、直接仲卸や小売業者に販売します。競りにかける場合は尻尾を切って流水解凍します。卸がマグロの状態を見極めて順位づけをし、1から順に食紅を使って番号を振り、競りを待ちます。競り落とされたマグロはターレーや小車で仲卸に運ばれ、電動ノコギリで切り分けられて販売されます。

冷凍まぐろ

マグロについてはよく「近海の生がいい」といわれ、その反対にあたるのが「遠洋の冷凍」ですが、冷凍のマグロも流通の間、適切な方法で保管され、適切に解凍（p.71）すればおいしくいただけます。条件によっては近海の生のマグロと比べても遜色がないほどです。冷凍のマグロには、天然も養殖も含まれます。マグロは船の上で暴れて魚体が傷まないよう、延髄を手鉤や包丁で切断してしめ、エラを取って血抜きをし、内臓を取り、水洗い・計量をし、−50〜−60℃の超低温冷凍庫に入れます。ここまでの工程を早く行うことにより、劣化させずに冷凍することが可能です。日本の船の漁師だと、この工程を10分ほどで完了させます。冷凍中は細胞内で水の結晶が大きくなる0〜−5℃の間をなるべく早く通過させ、早くそれ以下の温度になるようにすると、細胞の破壊を最小限に抑えられます。冷凍庫の中では最初に頭側に冷

蝋引き

表面を蝋で加工した、耐水性のある茶色い袋。トゲのある魚やエビなどをビニール袋に入れると穴が開いてしまいますが、蝋引きの袋であれば穴が開きにくく、魚河岸では魚を入れるのによく使われてきました。近年は丈夫な厚手のビニール袋に取って代わられつつありますが、今でも現役です。

若い衆

寿司屋で働く中堅以下の職人のこと。もしくは、魚河岸で働く人の事。魚河岸で働いていれば、年齢に関係なく全員若い衆といいます。

わかめ

6月ごろに胞子として生まれたわかめは約1年で成熟し、また胞子をつくります。食べるには若い方がおいしいので、3月には収穫を開始します。わかめの旬は3〜5月ごろ。加工して保存したものが一年中食べられているので旬を知らない人も多いですが、生わかめを食べられるのはこのころだけです。旬のものはわかめだけで主役級のおつまみになります。さっとゆでたものをポン酢や少しの醤油、塩などでいただけば、磯の香りで一杯飲めます。

わかめ巻き寿司

和歌山県に伝わる郷土料理。板状に加工されたわかめを海苔の代わりに使い、地元の特産物を芯にして巻いた海苔巻きです。なお、板状のわかめは島根県など山陰地方でも製造されており、この地域でも板状のわかめを使った海苔巻きやおにぎりが食べられています。

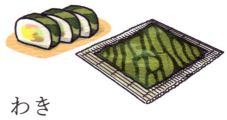

わき

握り寿司が美しく見えるポイントの1つに「わき」があります。シャリの側面にネタが密着するように意識して握ることを「わきをしめる」といい、わきがしまっているかどうかで、見た目が格段に変わります。寿司職人養成学校で握りの練習が行われる際、先生が「しっかりわきをしめてね」と指示をすると、生徒が自分の脇をしめてしまうのは「あるある」です。

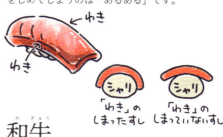

和牛

肉は一般的にワサビ、醤油、寿司飯との相性がよいので、肉を売りにしたレストランを中心に、肉の寿司が提供されています。中でも和牛のたたきを使った肉寿司は、とろけるサシの脂がマグロのトロを連想させ、日本酒やワインとも相性がよく人気です。店によっては鶏のたたきや馬の刺身を使っているところもあります。

山葵（生ワサビ）

英 Wasabi、Japanese horseradish
旬 11〜2月

日本原産のアブラナ科の多年生植物。主に地下茎を食用としますが、地上部分も醤油漬け、ワサビ漬けなどで食べられています。花をつけた葉を花ワサビといい、3〜4月に季節の野菜として流通します。地上部分の成長が止まる冬場の方が、夏場よりも辛味が強くなり、根の部分の旬にあたります。ワサビは外側の葉を落としながら上に向かって成長するため、茎から遠い方が古く、茎に近い方（根元）が新しいものになります。表面のゴツゴツした部分は葉が落ちた後です。成分に偏りはほとんどありませんが、歯ざわりは根元の方がなめらかで、香りも根元の方が強く感じられます。保存は、濡らした新聞紙やクッキングシートを茎に巻き、ラップに包んで冷蔵庫で保存します。長持ちさせたい場合は、湯のみなど細めのコップに水を張り、茎の部分を全部つけて立てておき、毎日水を取り替えながら冷蔵庫で保管すると数週間持ちます。そのため、短期間に使い切る場合は根元からすりおろし、しばらく持たせたい場合は先の方から使うのがオススメです。ワサビは表面の皮を薄く取り除き、おろし金（p.66）かサメ皮（p.103）を使用し、板と垂直になるようにワサビを持って円の字を描くようにおろします。おろしてから時間が経つと香りも辛味も飛びますので、使う分だけをおろします。最初にワサビを握り寿司に使ったのは華屋與兵衛（p.162）だといわれています。

わたや

寿司屋から出る魚のあら（p.44）は他のごみとは別にし、魚のあらのみを回収する業者に回収を依頼します。夜の間に回収され、リサイクル工場に運ばれたあらは、フィッシュミールと呼ばれる魚粉と魚油に加工され、さらに畜産飼料、養魚飼料、ペットフード、マーガリン原料、石鹸などへと加工されます。魚のあらは寿司屋だけでなく、魚河岸の仲卸、鮮魚小売店、デパート、スーパーで出たものも同様に回収されます。

割り酢

酢じめにするための酢のこと。米酢100％の酢でしめると魚の身の表面だけが変性して酢が浸透しないため、酸度を下げた酢を使います。酢10に対して3の氷を入れ、ほとんど溶けた状態か、3の水を混ぜて冷蔵庫で冷やしたものを使います。酢の温度が高いと魚の皮が溶けてしまいます。酢じめには黄身酢（黄身酢おぼろ p.83）を使うこともあります。

参考文献

『現代すし学』(大川智彦 著／旭屋出版)
『東大講座 すしネタの自然史』
(大場秀章・望月賢二・坂本一男・武田正倫・佐々木猛智 著／日本放送出版協会)
『すしの本』(篠田統 著／岩波書店)
『すし通』(永瀬牙之輔 著／土曜社)
『すしの技術大全』(目黒秀信 著／誠文堂新光社)
『だれも語らなかったすしの世界』(日比野光敏 著／旭屋出版)
『すし図鑑』(ぼうずコンニャク 藤原昌髙 著／マイナビ出版)
『すし手帳』(坂本一男 監修／東京書籍)
『知ればもっとおいしい！食通の常識 築地魚河岸 寿司ダネ手帖』
(福地享子 著／世界文化社)
『すしの雑誌 第17集』(旭屋出版)
『寿司のこころ』(枻出版社)
『pen 2019年1月1・15日新年合併号』(CCCメディアハウス)
『発酵は力なり』(小泉武夫 著／日本放送出版協会)
『近世風俗志 (守貞謾稿)〈5〉』(喜田川守貞 著／岩波書店)
『新鮮！寿し本』(博学こだわり倶楽部 編／河出書房新社)
『旅したい！おいしい浮世絵』(林綾野 著／NHK出版)
『ミツカン寿司読本』(株式会社ミツカン)
『文学とすし』(大柴晏清 著／栄光出版社)
『築地の記憶』(冨岡一成 文、さいとうさだちか 写真／旬報社)
『築地魚河岸 ことばの話』(生田與克・冨岡一成 著／大修館書店)
『銀座の寿司』(山田五郎 著／文藝春秋)
『すし物語』(宮尾しげを 著／講談社)
『大江戸まる見え番付ランキング』(小林信也 監修／学研プラス)
『食酢製造技術から見た100年の歩み』(山田巳喜男 著／日本醸造協会誌第101巻第9号)

「The IUCN Red List of Threatened Species. Version 2019-1」https://www.iucnredlist.org
「環境省レッドリスト2019」http://www.env.go.jp/press/files/jp/110615.pdf
「海洋生物レッドリスト2017」http://www.env.go.jp/press/files/jp/105233.pdf
「近畿大学水産研究所」https://www.flku.jp/aquaculture/tuna/index.html

おわりに

　数ある寿司本の中からこの本を手に取ってくださった読者の皆さま、ありがとうございます。
　おいしいお寿司を想像しながら読んでいただけましたでしょうか。

　私は東京すしアカデミーで握り寿司を学んでから、週末になると築地市場に通い、魚を買ってきては、友人を集めてお寿司パーティをするのが楽しみでした。
　誰も呼ばない週末も、新子の季節にひたすら新子の練習をしたり、買ったことのない魚に挑戦したり、市場の中を歩き回って魚の相場や時期を観察したりしていました。
　子供のころからお寿司は大好きでしたが、これをきっかけに、急に、それまで知らなかったお寿司のずっと奥深い世界に引きずり込まれた感じがしました。

　本書の執筆を通じて、おいしい魚を長く食べるため、早く食べるため、持ち歩くため、食いしん坊な我々の先代たちがいろいろな工夫を凝らし、寿司という食べ物を作ってくれたことに想いを巡らせ、改めて日本人の食に対するエネルギーに感心・感謝しました。

　同時に、執筆の作業は、各地の魚介類の資源状況が変化しているという悲しい事実を確認する作業でもありました。
　このおいしい食べ物を未来の人々とも共有できるよう、資源を残していきたいと感じ、この本の執筆料の一部をWWFに寄付させていただくことにしました。
　これからもたくさんの人がお寿司という食べ物を楽しめることを願っています。

　この本と私を結びつけてくださった、テリーさん、根岸さん、監修を引き受けてくださったぼうずコンニャクさん、味のある挿絵を描いてくださった秦さん、根気強く質問に回答くださった西田先生。
　たくさんの守れなかった約束がありましたが、最後まで支えてくださった皆さま、本当にありがとうございました。
　食べる楽しみを教えてくれた家族や、これまで食事を一緒にしてくれたすべての友人たちに、感謝を込めて。

2019年　7月

新庄 綾子

新庄綾子
（著者）

東京薬科大学・大学院修士課程修了。現在は大手製薬会社に勤務。料理教室やレストランで和・中・伊・仏の基礎を習い、2015年4月より東京すしアカデミー・ディプロマコースに通い修了。寿司ケータリング、店舗での期間限定レストラン、外国人観光客向けの築地フードツアー、寿司レッスンなど、寿司の魅力を伝える活動を行う。

ぼうずコンニャク 藤原昌髙
（監修）

1956年徳島県生まれ。食文化の研究を35年以上続けている。魚介類50万点以上、すし2万点以上の写真を撮影し、保有。島根県水産アドバイザー、水産庁の外部専門家などを務めるほか、釣り雑誌などにエッセイを執筆。Webサイト「ぼうずコンニャクの市場魚介類図鑑」を運営。著書・監修に『からだにおいしい魚の便利帳』（高橋書店）、『すし図鑑』（マイナビ出版）、『美味しいマイナー魚介図鑑』（マイナビ出版）、『日本の食材帖―野菜・魚・肉』（主婦と生活社）、『地域食材大百科〈第5巻〉魚介類、海藻』（農山漁村文化協会）、『食べもの"ぺろっと"まるわかり！いただきます図鑑』（池田書店）など。

イラスト	秦 京子
	（Evening Calm Factory）
デザイン	米倉英弘、奥山志乃
	（細山田デザイン事務所）
DTP	水谷美佐緒、中家篤志
	（プラスアルファ）
	横村 葵
校正	金子亜衣
撮影	青柳敏史

寿司にまつわる言葉をイラストと
豆知識でシャリッと読み解く

すし語辞典

NDC 596

2019年8月9日　発　行

著　者　　新庄綾子
監　修　　ぼうずコンニャク　藤原昌髙
発行者　　小川雄一
発行所　　株式会社誠文堂新光社
　　　　　〒113-0033　東京都文京区本郷3-3-11
　　　　　（編集）電話03-5805-7765
　　　　　（販売）電話03-5800-5780
　　　　　http://www.seibundo-shinkosha.net/
印刷・製本　図書印刷株式会社

©2019, Ayako Shinjo.　　　　　　Printed in Japan
検印省略
禁・無断転載

落丁・乱丁本はお取り替え致します。本書のコピー、スキャン、デジタル化等の無断複製は、著作権法上での例外を除き、禁じられています。本書を代行業者等の第三者に依頼してスキャンやデジタル化することは、たとえ個人や家庭内での利用であっても著作権法上認められません。

JCOPY

〈（一社）出版者著作権管理機構 委託出版物〉
本書を無断で複製複写（コピー）することは、著作権法上での例外を除き、禁じられています。本書をコピーされる場合は、そのつど事前に、（一社）出版者著作権管理機構（電話03-5244-5088／FAX 03-5244-5089／e-mail:info@jcopy.or.jp）の許諾を得てください。

ISBN978-4-416-51917-2